高职高专艺术学门类"十四五"系列教材

美育实践

主　编　潘　静
副主编　潘友臣　陈云秋　金建海　杜瑞卿
　　　　刘敬华　金天慈　陈建华

华中科技大学出版社
http://press.hust.edu.cn
中国·武汉

内 容 简 介

本书介绍了多种艺术形式,包括四大模块:火与土的艺术——软陶艺术、金与木的艺术——根雕艺术、水墨的艺术——书法艺术、设计的艺术——文创设计。本书的目的在于帮助大学生提高动手实践能力,发展形象思维,培养创新精神,树立正确的审美观念,培养高雅的审美品味,提高人文素养,做到立足经典、弘扬传统、多维教学、系统实践,提高大学生感受美、鉴赏美、创造美和表现美的能力,促进大学生德、智、体、美、劳全面和谐发展。

本教材符合国家规划教材的要求,关注国家美育工作前沿动态发展方向,确保内容的先进性和实用性,并且结合每个模块设定了相关的思政元素。

图书在版编目(CIP)数据

美育实践/潘静主编. -- 武汉:华中科技大学出版社,2024.11. -- ISBN 978-7-5772-1365-1

Ⅰ.G40-014

中国国家版本馆 CIP 数据核字第 2024S4V646 号

美育实践

Meiyu Shijian

潘静　主编

策划编辑:	彭中军　余思朗
责任编辑:	徐桂芹
封面设计:	孢　子
责任监印:	朱　玢
出版发行:	华中科技大学出版社(中国·武汉)　　电话:(027)81321913
	武汉市东湖新技术开发区华工科技园　　邮编:430223
录　　排:	武汉创易图文工作室
印　　刷:	武汉科源印刷设计有限公司
开　　本:	889 mm×1194 mm　1/16
印　　张:	8
字　　数:	236 千字
版　　次:	2024 年 11 月第 1 版第 1 次印刷
定　　价:	59.00 元

本书若有印装质量问题,请向出版社营销中心调换
全国免费服务热线:400-6679-118　竭诚为您服务
版权所有　侵权必究

主编简介 Introduction

潘静
邯郸职业技术学院副教授
根雕艺术非遗文化第三代传承人
毕业于景德镇陶瓷大学美术系
邯郸市根石文化艺术研究学会会长
邯郸市根艺学会副会长
邯郸市女子美协理事
邯郸市规范汉字书写等级评价首批入库专家
邯郸市硬笔书法家协会会员
河北省女子美协会员

  自幼得到根雕艺术非遗文化第一代传承人朱进(毕业于清华大学美术学院陶艺专业)亲授指导,父亲潘友臣师承朱进,为根雕艺术非遗文化第二代传承人,从事根雕艺术40余年,创作了500余件根雕作品。

  常言道:"门里出身,自会三分。"在这样的艺术氛围和成长环境下,幼承庭训,耳濡目染,书画艺术得到极大提升,在不惑之年,子承父业,开始致力于研究根雕奇石文化艺术与创作,并成立了根雕奇石文化研究工作室。2023年参加河北省第七届大学生艺术展演荣获一等奖,2024年参加全国第七届大学生艺术展演荣获三等奖。

  教学研究方向为艺术教育,在大学美育课程设计建设与职业教育人才培养方面取得了丰硕的成果,在国家级刊物上累计发表论文20余篇,主持省市级课题8项,主编艺术类教材4部,国家精品课主讲人。

2013年"陶艺设计与制作"获教育部职业院校第四届青年教师讲课竞赛"金教鞭"银奖
2023年获邯郸职业技术学院"优秀教师"称号
2023年获邯郸职业技术学院"最美女性"称号
2023年获邯郸职业技术学院第二届教学能力课程思政教学一等奖
2024年获邯郸职业技术学院"先进工作者"称号
2024年获河北省首届老年教育教学创新大赛二等奖

前言 Preface

"美入人心·育化芬芳",大学美育是为培养社会主义现代化建设所需要的综合素质人才而设立的公共必修课程,学分为2分,目的是提高大学生的审美素养,培养大学生的创新精神和实践能力,塑造大学生健全的人格。

一、学术价值

本教材主编为高校副教授,副主编为高校教师、行业专家、能工巧匠,多角度、多层次精炼理论,强调动手实践与体验,重点突出艺术审美的创造力表现。

本教材符合国家规划教材的要求,关注国家美育工作前沿动态发展方向,确保内容的先进性和实用性,并且结合每个模块设定了相关的思政元素。

本教材是大学生美育的实践篇,介绍了多种艺术形式,目的在于帮助大学生提高动手实践能力,发展形象思维,培养创新精神,树立正确的审美观念,培养高雅的审美品味,提高人文素养,做到立足经典、弘扬传统、多维教学、系统实践,提高大学生感受美、鉴赏美、创造美和表现美的能力,促进大学生德、智、体、美、劳全面和谐发展。

二、出版价值

1. 实用性强

本教材贴近当代大学生生活,通过实践体验对大学生实施美育,从思政元素出发,潜移默化、润物无声、言简意赅地融入思政教育内容,围绕立德树人的根本任务,优选符合教学内容的名人名言,培养大学生的职业精神、创新精神、工匠精神,增强大学生的文化自信,贴近当代大学生的审美需求,有助于当代大学生提升气质和形象,提升专业素养,提升创业竞争力。通过对本教材的学习,大学生将得到和谐的发展,成为"工作的艺术家""创新的艺术家""生活的艺术家",成为高素质的知识型、技术型、审美型人才。

本教材适合作为高等职业教育本科、专科的大学美育教材,也适合作为提高读者审美能力和艺术修养的自学读物。本教材配有教学用PPT,如果相关老师有教学需要,可发邮件至pengzhongjun001@163.com 获取。

2. 重点突出

本教材主要介绍软陶、根雕、书法、文创产品的设计与制作过程,全面描述多种艺术形式的基础知识,运用中国传统哲学中的"五行"概念,将"金、木、水、火、土"技术结合运用,具体内容包括名人名言、实践创作、作品赏析、拓展实训等,整个教学过程是一个寻找美、发现美、创造美的综合体验过程。

3. 形式灵活

本教材不仅从理论上讲述了多种艺术形式的创作方法和过程,还重点强调了多种艺术形式的体验,特别注重提高学生的理解力、观赏力和动手实践能力,让大学生在轻松欢乐的气氛中接受美育。本教材内容丰富多彩,图文并茂,具有切合大学生兴趣、贴近大学生生活、理论提纲挈领、阐述简明精练的特点。本书部分图片来源于网络。

4. 结构合理

本教材在结构安排方面,优选 4 个模块、16 个教学任务,结合当前高职高专模块化的教学方式,使学生从被动式学习转为主动式创新,从而提升学生的专业能力和综合素养,发挥学生的主观能动性,让学生主动选取任务,自主开展学习,完成整个项目的各项学习任务。在自主构建和完成项目的过程中,学生的创新意识得到激发,自主学习能力、观察分析能力、创新能力、解决问题的能力、动手实践能力得到提升。

5. 方案新颖

本教材的每一个任务分为课前、课中、课后环节。课前包括知识认知、准备材料、资料收集等部分;课中包括重要提示、实践体验、实践创作、作品赏析等部分;课后包括讨论一下、作品赏析、拓展实训等部分。每个环节都精心设计,内容系统,训练全面,引导学生树立创新意识,培养学生的创新能力,使学生掌握创新原理与创新技法,并在实际生活、学习、工作中加以运用。

特别感谢邯郸市根艺学会会长潘友臣、邯郸市根石文化收藏学会会长金建海提供根雕、奇石素材原料,并在后期制作中给予大力支持。

目录 Contents

模块一　火与土的艺术——软陶艺术　　　　　　　　　　　　　　**/1**
　　任务一　认识软陶材料、工具和工艺方法　　　　　　　　　　　/2
　　任务二　陶艺的成型方法　　　　　　　　　　　　　　　　　　/7
　　任务三　陶艺的装饰方法　　　　　　　　　　　　　　　　　　/12
　　任务四　陶艺的创作方法　　　　　　　　　　　　　　　　　　/18

模块二　金与木的艺术——根雕艺术　　　　　　　　　　　　　　**/23**
　　任务一　认识工具、材料　　　　　　　　　　　　　　　　　　/24
　　任务二　根料的寻找方法　　　　　　　　　　　　　　　　　　/28
　　任务三　根雕的制作方法　　　　　　　　　　　　　　　　　　/29
　　任务四　根雕的创作方法　　　　　　　　　　　　　　　　　　/33

模块三　水墨的艺术——书法艺术　　　　　　　　　　　　　　　**/47**
　　任务一　认识书法的发展过程　　　　　　　　　　　　　　　　/48
　　任务二　掌握书法材料、工具的使用方法　　　　　　　　　　　/50
　　任务三　各类书体的特点及赏析　　　　　　　　　　　　　　　/53
　　任务四　楷书的结体之美及创作　　　　　　　　　　　　　　　/76

模块四　设计的艺术——文创设计　　　　　　　　　　　　　　　**/83**
　　任务一　文创的概念、类别及工艺方法　　　　　　　　　　　　/84
　　任务二　文创的设计原则　　　　　　　　　　　　　　　　　　/92
　　任务三　文创的设计方法　　　　　　　　　　　　　　　　　　/99
　　任务四　文创的创意制作　　　　　　　　　　　　　　　　　　/108

参考文献　　　　　　　　　　　　　　　　　　　　　　　　　　**/120**

模块一 火与土的艺术——软陶艺术

学习目标

知识目标

任务一　认识软陶材料、工具和工艺方法

任务二　陶艺的成型方法

任务三　陶艺的装饰方法

任务四　陶艺的创作方法

能力目标

1. 掌握陶艺的材料、工具和工艺方法

2. 掌握陶艺的成型方法、装饰方法、创作方法

素质目标

1. 提升职业精神,学习勇于创新的精神,培养职业素养

2. 养成定期收集资料的习惯,培养专心刻苦的精神以及诚实守纪、吃苦耐劳的优秀品德

3. 培养精益求精、追求卓越的工匠精神

教学安排

课前　知识认知、资料收集、作品赏析

课中　准备材料、实践体验、实践创作

课后　市场调查、讨论一下、拓展实训

任务一　认识软陶材料、工具和工艺方法

名人名言

★博学之，审问之，慎思之，明辨之，笃行之。

——《中庸》

（此句大意为广泛地学习各种知识，详细地向别人询问，谨慎地进行思考，明确地分辨是非，踏踏实实地去践行。）

课前——知识认知

软陶也称塑泥，源于欧洲，它并不属于陶土类，而是一种PVC人工低温聚合材料，从外形看像橡皮泥，但定型之后类似塑料，具备生动多变的造型能力和丰富的色彩变化，是专业雕塑材料之一。软陶兴起于第二次世界大战以后，从那时起，欧洲人就开始玩这种低温聚合黏土。软陶在中国出现的时间是20世纪80年代，最初流行于我国台湾地区，"软陶"就是沿袭了我国台湾的叫法。20世纪30年代，德国雕塑家发现了这种材料，它具有高度的延展性和可塑性，像千万种花一样缤纷灿烂、变化多端，软陶的多变特性使其成为启发创造性思维、培养文化气质的"教材"，可充分满足人类的创造欲望，因此，软陶很快便风靡整个欧洲地区，后来又传到美国和日本。直到今天，软陶仍是手工艺界DIY族的最爱，不同颜色的软陶，通过聚合、调配，被塑造成千变万化的形象。软陶是一种奇特而多变的工艺材料，如图1-1所示。

图1-1　软陶材料

用软陶做饰物，经常需要搭配一些其他的材料，这些材料或起衬托作用，或起连接作用，比如玻璃珠、木珠、金属珠、中国结等，还有各种颜色的绳子、金属链、项链接头、耳环钩等。可以随意地利用这些材料和软陶进行组合，把软陶做成主要饰物穿上线绳就成了项链，连在耳环钩上就成了耳环，固定在发卡上就成了头饰，连在别针上就成了胸针。软陶变化无穷，可以把它捏成各种形状，用烤箱烤硬之后就不会再变形。软陶不仅可以做成各种饰物，还可以做成钥匙链、小摆件、烟灰缸，如果加上石英机芯，还可以做成漂亮的挂钟。软陶

颜色艳丽,把它塑造成卡通人偶非常合适,用手把软陶逐渐搓揉变软后,就可以随心所欲地塑造各种形状。我们可以把软陶切割或组合成各种精致的小品,这些小品经过烘烤后坚硬不变形,色泽艳丽且防水、防霉、不易碎、不怕虫咬,是具有永久保存价值,并兼具生活实用性的新兴工艺品。软陶饰物如图1-2和图1-3所示。

图1-2 软陶饰物(一)　　　　　　　　　　图1-3 软陶饰物(二)

软陶作品制作的重要过程是造型的变化,作品成功与否主要是看制作者是否具有丰富的想象力,是否能将软陶塑造成变化多端的样式。制作软陶作品常用的几种造型有球形、鼓形、方形、水滴形、柱形等。

课中——准备工具和材料

常用的软陶作品制作工具和材料包括压痕笔、空心擀泥棒、雕塑工具、金属打孔针、七本针、雕刻工具、刀片、上光油、插板、亚克力板、铝线、修复胶、剪刀、刻度尺等。为了使软陶作品更加生动形象,可以利用其他的物体代替工具,如利用各种粗细不等的针、管,以及纱窗布、树叶、牙刷、梳子、骨头等,可以表现出各种不同的质感,使作品更加丰富。各种软陶作品制作工具和材料如图1-4至图1-12所示。

图 1-4　橡皮笔

图 1-5　雕塑工具

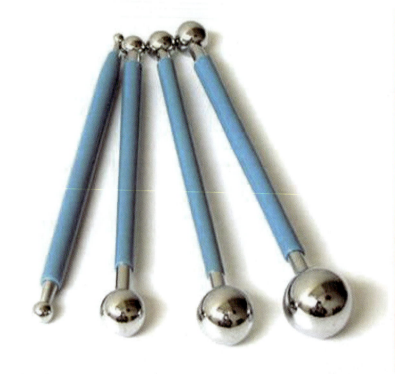
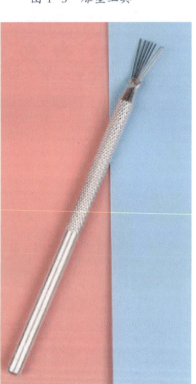
图 1-6　不锈钢丸棒和七本针

图 1-7　压痕笔

图 1-8　软陶手动压面机

图 1-9 热风枪

图 1-10 螺丝棒

图 1-11 人偶眼贴

图1-12 刀片、上光油、亚克力板、铝线、剪刀等

加热有三种方式。

(1) 电烤箱加热:烧制温度140 ℃,烧制时间15分钟。

(2) 吹风机加热:适合3~5 cm的作品。

(3) 蒸煮加热:适合家庭操作,待水自然冷却后,捞出作品。

加热时所用的工具如图1-13至图1-16所示。

图1-13 电烤箱

图1-14 吹风机

图 1-15　电蒸煮锅

图 1-16　木筷

课后——市场调查

软陶也叫彩陶、软陶土,又称烧烤黏土,英文名字中最常见到的是 polymer clay。软陶可塑性非常强,制作好的作品只要放进烤箱中烘烤,就会生成质地坚硬、色彩艳丽的彩陶手工艺品。不同颜色的软陶,能够组合创作出千姿百态的工艺品,例如发饰、包饰、手机挂饰、镜框装饰、灯饰、家饰、胸针、耳坠、项链等,也可以塑造出特色人物、卡通玩偶、动物、植物。20 世纪 30 年代,德国雕塑家发现了这种材料,它具有高度的延展性和可塑性,且色彩绚丽多变,极好地满足了艺术家的创造欲望,因此,软陶很快风靡整个欧洲。其丰富多变、易操作的特性同样引起了欧美教育家的关注,许多艺术创作者和手工艺爱好者都乐于使用软陶,软陶成为艺术家的创作媒介。随着社会经济高速发展,人们的物质生活得到了极大丰富,从而在精神生活方面提出了更高的要求,特别是近些年手工 DIY 行业迅速发展,了解和认识软陶的人越来越多,软陶市场越做越大。

任务二　陶艺的成型方法

名人名言

★人之讲道,惟问其志,取必以渐,勤则得多。

——孔臧《给子琳书》

(孔臧,汉代辞赋家。此句大意为人进修道业,最关键的是看他的志向,要进取,必须用循序渐进的方法,勤奋不辍,就会收获很多。)

课前——资料收集

《青翠欲滴》如图 1-17 所示。

图 1-17 《青翠欲滴》 作者：潘静

课中——实践体验

制作方法：

(1) 制作前，要用肥皂洗净双手，并清理工作台面，以免尘土或污物黏附到软陶上。工作台面可以使用白色镜面瓷砖，下面加皮垫固定起防滑作用。

(2) 如果软陶不均匀，可能会出现轻微的粘手或粘台面现象，可以使用日常的护肤乳清洗手和台面，达到防止粘连的目的。

(3) 制作中如果使用模具，可以在模具中撒些爽身粉，以免材料与模具粘连。

(4) 软陶容易粘手，在操作不同色彩的软陶时，需要重新清洗双手及工作台面，或用湿巾擦拭，以免不同色彩的软陶相混，影响美观。

(5) 软陶在烤制前，无论是未揉制的还是已揉制好的，都要用保鲜膜包裹保存，以免粘上灰尘或干燥。

(6) 冬天天冷时，软陶会变硬，揉制时较费力，可以人为地对其加热，如用温水浸泡或用手心加热，或使用压面机反复压制，使软陶变软，便于制作。

(7) 夏天温度很高时，软陶容易变软，捏制时不易成型。此时可用冷水或冷毛巾降低手心温度，或将软陶放置一段时间，等其变硬后再使用。

(8) 烘烤软陶时，烤箱温度切勿超过 150 ℃，以免发生烤焦现象，温度最好控制在 100～120 ℃。

(9) 烤制时间根据作品的大小、厚薄而定，灵活掌握。对于过大过厚的作品，若一次烤制不满意，可以烤制两次、三次，直至满意为止。对于又薄又小的作品，可根据具体作品设定温度和时间。

(10) 烤制时作品放置的位置要四面无碍，切勿使作品碰触烤箱的壁面，同时也要注意作品与作品之间的距离，以防粘连。

(11) 不要在烤制刚刚完成后立即开箱取物，应有几分钟的散热时间，使作品自然冷却，以防作品突然遇冷爆裂。

(12) 制作完成以后，要认真清洗双手，以免残留物留在手上。

绿色仿真多肉植物造型设计步骤如图 1-18 所示。

图 1-18　绿色仿真多肉植物造型设计步骤

续图 1-18

紫色仿真多肉植物造型设计步骤如图 1-19 所示。

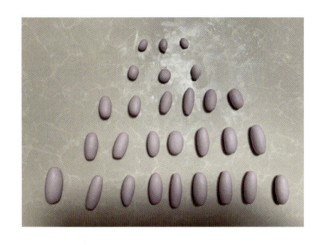

图 1-19 紫色仿真多肉植物造型设计步骤

课后——讨论一下

讨论软陶作品制作的方法、步骤、注意事项。

任务三　陶艺的装饰方法

名人名言

★根之茂者其实遂，膏之沃者其光晔。

——韩愈《答李翊书》

（韩愈，唐代政治家、思想家、文学家，"唐宋八大家"之首，著有《韩昌黎集》等。此句意思为树木根系茂盛，结的果实才丰硕；灯盏里的油充足，发出来的光才明亮。）

课前——资料收集

软陶艺术是一门综合造型艺术，也是人们喜闻乐见的表演艺术。

第一，软陶艺术具备独特的表演魅力，看似平淡无奇的软陶经过灵巧的手，转瞬之间就变成了巧夺天工的艺术作品。

第二，软陶作品用料考究、做工精美，既具有浓郁的传统艺术色彩，又带有鲜明的时代特征，因此，软陶作品具有可把玩、可馈赠、可收藏的艺术特性。

第三，软陶作品细腻、传神，凝视那栩栩如生的历史名人、经典戏剧人物，你仿佛置身于遥远的古代院落，或聆听大师的谆谆教导，或亲历那气壮山河的英雄故事，而那时尚前卫的动漫卡通作品，则又将你带回童年时代。

第四，软陶艺术取材广泛，可谓包罗万象，不论是神话传说，还是历史典故，不论是传统事物，还是现代元素，小到果品蔬菜，大到山水亭阁，近到铅笔、橡皮，远到卡通人物，只要是看得见摸得着的，甚至是只要能用语言来形容的，都可用软陶表现出来，寓教于乐，使学生插上想象的翅膀。

生活是艺术创作的源泉，艺术来源于生活，又高于生活，任何复杂的结构都是由简单的形体部件组成的。在软陶艺术教学中，要结合学生的特点，不断引导他们在日常生活中养成善于观察、善于发现、善于思考的好习惯，从身边的果品蔬菜、花鸟鱼虫等练起，使学生逐渐领悟软陶综合造型艺术的特性。

课中——实践体验

仿真多肉植物采用软陶材料制作，利用粘、塑、剪、擀、抹、绘等手法，经过成型、塑形、组合、装饰、烤制、上油等几个步骤完成。仿真多肉植物造型设计如图1-20至图1-22所示。

课后——拓展实训

卡通动物造型设计将室内软装工艺品设计与艺术创意相结合，在传承中创新，在创新中赋予作品以时代意义。看似平淡无奇的软陶，通过各种技法的组合运用，变成了巧夺天工的艺术作品，体现了独特的艺术价值。软陶作品具有用料考究、做工精美、可把玩、可装饰、可收藏、可馈赠的艺术特性。软陶作品如图1-23至图1-26所示。

图1-20 《清香幽远》 作者:潘静

图 1-21 《静怡时光》 作者：潘静

图 1-22 《生命的力量》 作者:潘静

图1-23 《一"鹿"平安》 作者:潘静

图1-24 《一"鹿"生花》 作者:潘静

图1-25 《一"鹿"有你》 作者:潘静

图1-26 《一"鹿"向前》 作者:潘静

任务四　陶艺的创作方法

名人名言

★春发其华,秋收其实,有始有极,爱登其质。

——《后汉书·崔骃列传》

(此句大意为人生像草木一样,春天开花,秋天结果,有开始有结束,重要的是做人的实质。)

课前——作品赏析

《飒爽英姿》如图1-27所示。

图1-27　《飒爽英姿》　作者:潘静

课中——实践创作

卡通人物的制作可分为人物头部制作装饰、人物身体制作装饰和组合制作装饰三个步骤,注意人物的比例、细节的表现、色彩的搭配、质感的体现。卡通人物制作步骤如图1-28至图1-34所示。

图1-28　卡通人物头部制作装饰

图1-29　卡通人物身体制作

图1-30　卡通人物服装设计

图 1-31 卡通人物头部与身体组合

图 1-32 卡通人物手臂制作

图 1-33 卡通人物装饰设计

图 1-34 卡通人物整体调整

课后——拓展实训

软陶贴花片设计、软陶人物造型设计(见图1-35和图1-36)。

图1-35 《幽香绽放》 作者:潘静

图1-36 《白首不分离》 作者:潘静

模块二 金与木的艺术——根雕艺术

学习目标

知识目标

任务一　认识工具、材料
任务二　根料的寻找方法
任务三　根雕的制作方法
任务四　根雕的创作方法

能力目标

1. 掌握根雕的工具、材料
2. 掌握根雕的制作方法、创作方法
3. 培养学生的审美情趣，提高学生的艺术修养，激发学生对民族非物质文化遗产的传承与保护意识

素质目标

1. 培养执着专注的态度、精益求精的精神、一丝不苟的行为、追求卓越的品格
2. 培养专心刻苦的精神以及诚实守纪、吃苦耐劳的优秀品德
3. 弘扬劳动光荣的社会风尚，营造精益求精的敬业风气

教学安排

课前　知识认知、重要提示、资料收集
课中　重要提示、实践体验、作品赏析
课后　寻找根料、确定立意、总结归纳

任务一　认识工具、材料

名人名言

★惧则思，思则通微；惧则慎，慎则不败。

——张居正《赠毕石庵先生宰朝邑叙》

（张居正，明朝政治家、改革家。此句大意为敬畏，就会思考，思考，就会通晓一切；敬畏，就会谨慎，谨慎，就会事事成功。）

课前——知识认知

认识根雕制作工具（见图2-1）。

序号	名称	型号	单位	数量
		根雕制作工具一览表		
1	根雕刀具	打磨套装	套	1
2	手工锯		套	1
3	打磨砂纸	60目	张	50
4	木工工具		套	1
5	刨子		套	1
6	凿子		把	1
7	亚光漆		桶	10
8	木刷	长毛加厚	把	10
9	铁刷		把	10
10	木工锉		套	1
11	钉子		套	1
12	白乳胶		桶	10
13	502胶		瓶	10
14	护头套		个	10
15	喷壶	5L	个	2
16	木工专用围裙	木工专用	件	10
17	护眼镜		副	10
18	创可贴		盒	1

木工折叠锯

木工雕刻刀具

木工专用围裙

木工专用砂纸

图2-1　根雕制作工具

根雕常见木料有枝端生刺的小叶鼠李、崖柏、枣木、黄荆、榆木、椿木、槐木、杨木等。根雕艺术具有无穷的魅力,巧夺天工,耐人寻味,寓意深刻。根雕作品或大或小,或物或景,皆构思奇巧、造型独特、形神兼具。在创作过程中,可根据木料裂纹、盘旋扭曲的态势、变化多姿的造型、奇特的色彩对比,表现出根雕的自然美、装饰美和奇特美。

课中——重要提示

常见根雕木料有小叶鼠李、崖柏、黄荆等。

1. 小叶鼠李

小叶鼠李为落叶灌木,树皮灰色或暗灰色,枝干较坚硬,枝对生或近对生,具短枝,小枝灰褐色,初发时具短细毛,成长枝褐色或紫褐色,具光泽,无顶芽,先端常成利刺,芽卵形,钝尖头,灰黄褐色,无光泽。(见图2-2至图2-4)

图 2-2 小叶鼠李枝叶

图 2-3 小叶鼠李树

图 2-4 小叶鼠李根料

2. 崖柏

崖柏的根部在经历风吹雨打后形成的独特造型和纹理,被艺术家们巧妙地融入崖柏根雕作品中,使其成为一件件令人叹为观止的艺术品。崖柏根雕作品不仅具有极高的观赏价值,也具有浓厚的文化内涵。崖柏根料如图 2-5 所示。

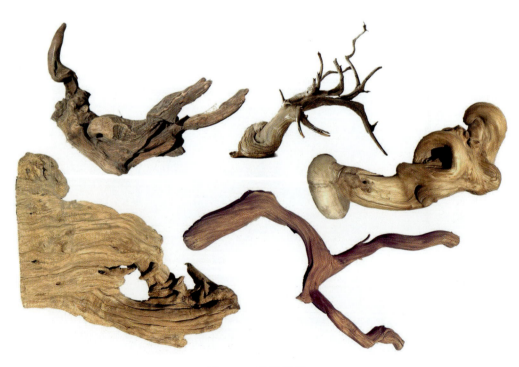

图 2-5 崖柏根料

3. 黄荆

黄荆又称黄荆条,属马鞭草科落叶灌木,生长于长江以南地区,北达秦岭、淮河。黄荆生长缓慢,生命力极强,多在山坡林地、灌木草丛等处生长。黄荆木质坚硬,纹理细腻,根须乱生,枝条硬韧,扭曲多变。其根多呈块状、瘤状、片状、扭曲状,制作根雕作品容易成型,给根雕创作在造型上提供了极大的灵活性。因其材质好,色泽美,制作出来的根雕作品深受人们喜爱。(见图2-6至图2-8)

图2-6 黄荆枝叶

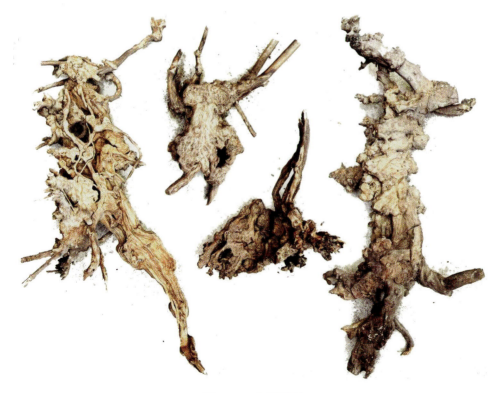

图2-7 黄荆根料

图 2-8 黄荆盆景

课后——寻找根料

寻找适合进行根雕创作的根料。

任务二　根料的寻找方法

名人名言

★在艰难困苦中不动摇而向前创造，才为难能可贵。

——陶行知

课前——寻找根料

作为一种传承两千多年的艺术形式，根雕艺术凭借其实用性与艺术性兼备、通俗性与高雅性并存的特性，几经起伏，依然独具魅力。根雕艺术的起源与发展过程，从自然美、工艺美、意境美三个层面体现了其从形态到灵感再到形象的独特创作过程中的美学特征。作为一种空间艺术,根雕艺术带给人们的不仅是风格意境的营造,而且是思想文化的传承、时代精神的反映。

课中——反复推敲

根雕艺术是利用根材自身形态塑造形象、表情达意的艺术形式。区别于绘画等先有创作灵感,再寻找恰当的表现手段,进而形成艺术作品,由灵感到形态,最后归于形象的创作过程,根雕创作是从形态到灵感再到形象的独特过程。一件优秀的根雕艺术作品必然源于能给艺术家带来丰富的创作灵感且独一无二的根材,艺术家有了创作灵感之后,要经过构思、雕琢、打磨、上漆等工序,才能最终将根雕作品呈现在世人眼前。

课后——确定立意

根雕艺术的美源于自然又高于自然,是自然与工艺结合之下的自然美、工艺美、意境美的综合。为了让人们了解根雕艺术,感受根雕艺术的独特魅力,根雕艺术应当融入生活、贴近生活,做到以美育人、以美化人、以美培元,让大家发现美、认识美、创造美。

任务三　根雕的制作方法

名人名言

★处处是创造之地,天天是创造之时,人人是创造之人。

——陶行知

课前——重要提示

不同树种的根有不同的质地、纹理和颜色,选定根材后,要仔细观察并借助其形态、纹理、节疤、凹凸、曲线、残缺、孔洞等,进行大胆的想象和巧妙的构思。在创作过程中有两个方向,一个是追求形似,保留根材的天然意趣和独特神韵,在根料造型基础上简要雕琢;另一个是追求神似,根据根料的造型特征,不做任何删减与添加,追求返璞归真、天人合一的艺术境界。

课中——实践体验

根雕制作过程主要包括选料、去皮、造型、雕刻、打磨、配座、上漆、命名等步骤,如图 2-9 所示。

步骤	选料	去皮	造型	雕刻	打磨	配座	上漆	命名
重要提示	根料坚硬 不易腐朽	注意方法 突出色泽	反复推敲 构思奇巧	三分人工 七分天成	注意纹理 细节处理	平衡体态 延展作品	保护根料 防潮防蛀	含蓄贴切 意义深远

图 2-9　根雕制作过程

1. 精心选料,反复揣摩

选料:选择质地细腻、材质坚硬、不易龟裂变形、不易虫蛀、不易腐朽、能长期保存的木料,例如崖柏、枣木、小叶鼠李、黄杨木、檀木、榉木、柏木、榆木等，这些材料经过数年，仍然材质坚硬，是用于创作的佳品。选料后反复揣摩，仔细推敲，将人工再造的痕迹藏于不露之中。（见图2-10）

图 2-10　选料

在制作根艺作品的过程中，反复推敲、立意是制作的开始。创作者需要依据根的自然形态，审根度势、随形赋意，形成自己心灵对自然感悟的物象，以及对自然世界的认知和感悟。

去皮：根料去皮后色泽变化大，黄、褐、黑俱全。采回来的根料经审视初步确定最佳造型后，将多余的根枝截去，便于浸泡和水煮去皮。大件可用水泡，十几日或一个月后捞出，较好剥皮；小件用水煮，应煮4小时以上，然后取出去皮。有些根料不用水煮，可以直接去皮。（见图2-11）

图 2-11　去皮

造型：有经验的根艺创作者在采根时就能直观地看出根材可以做出的造型。有些根非常奇特，一时看不出来可以做出哪种造型，但是创作者经过一段时间的反复审视、琢磨，从不同视角进行表现，可构思出颇有内涵和趣味的作品。（见图2-12）

图 2-12 造型

2. 雕琢形象,反复打磨

雕刻:根艺作品应尽可能不雕或少雕。有些根材的根枝比较多,对被初步截去根枝留下的截面应适当修平磨圆。对作品的局部,如一些动物造型的嘴部或头部、人物造型的面部五官可稍加修饰和雕琢。根材缝隙和凹洞深处的污皮和泥垢应清除干净,防止长久摆放使作品从内部霉烂,影响作品的美观。(见图 2-13)

打磨:去皮后的根材应放置于通风处自然晾干,勿暴晒,防止开裂。对根材造型进行合理组织,强调造型和色泽的体现,保留主要造型特征,对次要部分进行切割,反复打磨,突出其质地和特色,处理干净后再进行细致的打磨。黄荆根材纹理较细腻,在雕琢打磨时应尽量保持根材的自然纹理。(见图 2-14)

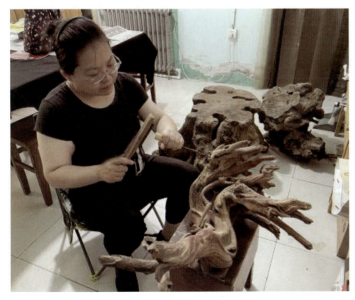

图 2-13 雕刻

图 2-14 打磨

3. 整体处理,赋予内涵

配座:在根艺作品创作中,创作者常把几件根艺作品放在同一个底座上形成组合。配座就是给根艺作品配上底座,以达到构图取景、平衡体态、稳定重心、便于放置、宜于欣赏的效果。配座应讲究主体与底座相互衬托、和谐统一,有些根艺作品自然成型,重心稳固,无须配座。具体操作方法如下:将选好的底座材料按构图要求加工成所需形状,把根艺作品主体的底部放在底座选定的嵌接位置上,如果用根料做底座,应选好固定根艺作品的位置,然后画线凿孔。凿好后把胶黏剂涂于孔眼四壁和底部,再把根艺作品主体插入孔内,然后用原根料的锯末沿孔眼四周涂抹,消除粘接的痕迹,锯末越细越好,再用细砂纸抛光即可。底座配得合适巧妙,可以增加作品的气势,延展作品的意蕴。(见图2-15)

组合就是将两件或两件以上的根艺作品巧妙地结合在一起,形成一件主题明确、结构完整的根艺作品。拼接是将两个或两个以上的根料拼在一起形成一件根艺作品。要通过组合产生一件新的艺术作品,产生新的艺术效果,需要考虑好主题思想和艺术风格,搭配合理会使作品妙趣横生。

上漆:作品完成定型后需上漆,上漆后作品纹理更清晰,增添了自然美。上漆对作品可起到保护作用,可防潮、防蛀、防裂以及防脏。黄荆根艺作品经打磨后纹理细腻光滑,最好用亚光或半亚光的清漆均匀地涂刷作品的表面。(见图2-16)

图 2-15 配座　　　　图 2-16 上漆

命名:根雕作品制作完成后要给作品取名,或刻字落款。有些作品无题胜有题。取名过于直白会显得浅薄,经不起推敲,所以取名要含蓄贴切、耐人寻味、意义深远,体现出文化内涵。在反复推敲琢磨之后,经过选择、集中、概括、取舍、强调等过程后,选定一个名字,赋予作品深刻的内涵,表现主题思想,增加艺术美感。

根艺作品如图2-17所示。

图 2-17　根艺作品(一)　作者:潘静　金建海

课后——体验制作过程

体验根艺作品的制作过程。

任务四　根雕的创作方法

名人名言

★志于道,据于德,依于仁,游于艺。

——孔子

(孔子,中国古代思想家、政治家、教育家。此句大意为以道为志向,以德为根据,以仁为依靠,而游憩于礼、乐、射、御、书、数六艺之中。)

课前——资料收集

根雕艺术是发现自然美而又显示创造性加工的造型艺术,即三分人工,七分天成,没有这"三分",只能称之为天然,而不能称之为艺术,多了又脱离了其自然性。一件好的根艺作品,要求创作者具有一定的美术功底、文化素养和审美水平,并且善于从平凡中找非凡,取其主势,赋予其灵气。根艺作品如图 2-18 所示。

图 2-18　根艺作品(二)

课中——作品赏析

1. 呈现自然之美

根雕艺术的美学理论可以追溯到中国古代艺术认识活动中"形与神熔,则形亦神矣"的形神观点,其根源就是《庄子》中道与形、心与物的关系。艺术创作的实质是一种在形和神相互作用、相互转化下的创造性活动。艺术创作的材料是自然界的客观物质。在古人对未知力量的敬畏心理之下,自然万物被神化,受到敬仰和崇拜,因而"巧若天工""宛若天成"成为艺术追求的最高境界,根雕艺术正是如此。根雕艺术家必须走向大自然,寻找、发现和收集各种树根原料。这一过程旨在寻找创作主体。

作品《神州大地》通过横截面的造型展示出一幅中国地图,表现出我国疆域万里绵长、山河锦绣,使人不禁感慨苍茫大地孕育的华夏五千年的历史文明博大精深,熠熠生辉照古今,如图 2-19 所示。

作品《摇曳生姿》造型随形就势、自然生动、颇具动感,仿佛荷叶正迎风摇曳,含苞待放的荷花素面朝天,成熟的莲蓬饱满生动,整个作品充满活力,形象高洁优美,寓意吉祥美好,体现了人们对美满幸福生活的向往,如图 2-20 所示。

根雕艺术家眼中良好的材料,其他木材设计者往往避之不及。经历了春夏秋冬的考验,承受了风雨雷电的洗礼,根材表皮斑驳的色泽、扭曲的体态、奇特的节瘤是对自然最好的礼赞,根雕艺术家对自然馈赠的原材料加以雕刻,成就了一件件独一无二的根雕艺术品。根雕艺术是三分人工,七分天成,自然的洗礼成就了根雕艺术的独特魅力。(见图 2-21 至图 2-23)

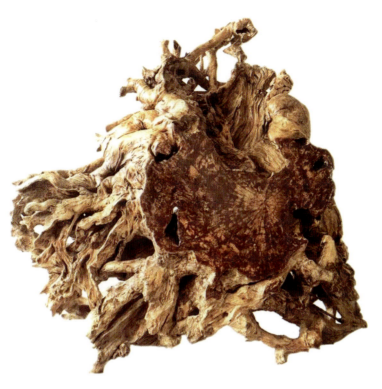

作品名称：《神州大地》　　木料：香椿　　规格：1325×698×1480

图 2-19　作品《神州大地》　作者：潘静　潘友臣　金建海

作品名称：《摇曳生姿》　　木料：杨树　　规格：1200×95×1330

图 2-20　作品《摇曳生姿》　作者：潘静　潘友臣　金建海

作品名称：《相依相偎》　　木料：榕树　　规格：487×423×1280

图 2-21　作品《相依相偎》　作者：潘友臣

作品名称：《好大一棵树》　　木料：黄荆　　规格：767×253×382

图 2-22　作品《好大一棵树》　作者：潘友臣　潘静

作品名称：《海马》　　木料：黄荆　　规格：210×152×689

图 2-23　作品《海马》　作者：潘友臣

2. 展现工艺之美

根雕艺术的雕刻手法主要由木雕技艺中的自然雕法演变而来，在雕刻方式上尽可能保留根材的质朴与天然。根的形态变化较多，有扭曲的、肿胀的，并且有明显的肌理、节瘤和裂缝，这些不同的根材展现出人类难以描绘的特征。

根雕艺术界对于雕刻技法有"三真"一说，即天真、留真和乱真，此"三真"可谓雕刻技艺的重要标尺。其中，天真指雕刻题材与根材的形态、孔洞、走势、肌理等特质相结合，达到以形写神、形具神生、形神兼备的造化境地；留真则是尽量减少根材上人工雕琢的痕迹，保留根材的原生之美；乱真指通过艺术家高超的技艺隐藏雕琢的痕迹，做到以假乱真、虚实结合、惟妙惟肖。

人工雕琢的过程始终强调一个"巧"字，选材巧，创意巧，工艺巧，根雕艺术家的"巧"，巧在自然与人工的结合，巧在物质与精神的碰撞，巧在时间与空间的相融，使作品呈现出巧夺天工、独具匠心的特点。（见图 2-24 至图 2-28）

作品名称：《梅开二度》　　木料：红檀　　规格：392×260×398

图 2-24　作品《梅开二度》　作者：潘静　潘友臣　金建海

作品名称：《浪花一朵》　　木料：榆木　　规格：492×327×420

图 2-25　作品《浪花一朵》　作者：潘静　潘友臣　金建海

作品名称:《赛龙舟》　　木料:红檀　　规格:663×152×295

图 2-26　作品《赛龙舟》　作者:潘友臣

作品名称:《翩若惊鸿》　　木料:黄荆　　规格:487×323×680

图 2-27　作品《翩若惊鸿》　作者:潘友臣　潘静

作品名称:《亚洲雄狮》　　木料:黄荆　规格:630×325×498

图 2-28　作品《亚洲雄狮》　作者:潘友臣

3. 营造意境之美

艺术创作过程是艺术家思想情感抒发的过程,是艺术家理解与认知表达的过程,创作成果是艺术家思想的物质化呈现,艺术作品蕴含的意境美是艺术创作的核心。音乐、诗歌、绘画是这样,根雕艺术同样如此:树木的根、干、枝、瘤、皮就是根雕艺术的五线谱、田字格、油画布;刻刀就是乐器、钢笔、颜料。艺术家保留根、干、枝、瘤、皮枯朽的颜色、夸张的形态、粗糙的质感、朴拙的韵味,通过艺术化的加工形成根雕作品的意境美,材料的不可复制成就了根雕艺术作品独一无二的意境。(见图2-29至图2-33)

整个根雕创作过程是一个从最初的寻根问底到发现美、挖掘美、创造美的过程,根雕艺术家应大力发扬工匠精神,做到传承传统、勇于创新,将艺术与生活更好地融为一体,做到艺术与生活的完美结合,化腐朽为神奇。根雕艺术是一种力量,是一种生机和活力,是一种奋发向上的精神,是一种爱生活、爱自然、爱新鲜事物的激情,是艺无止境的创新。

课后——总结归纳及拓展实训

根雕艺术是中国传统雕刻艺术之一,是以树根(包括树身、树瘤、竹根等)的自生形态及畸变形态为艺术创作对象,通过构思立意、艺术加工及工艺处理,创作出人物、动物、器物等艺术形象作品。根据现有的树根轮廓,进行浸泡软化、阴干消毒、去废存真、打磨上漆等一系列工序,一点一滴、精雕细琢,最终得到既保留根材的原汁原味,又融入巧妙构思的根雕艺术品。根雕艺术品是对自然的一种回归、对新生命的一种创造,化腐朽为新生,展示出生命的坚韧、顽强和不朽。

作品名称：《母爱》　　木料：黄荆　　规格：260×52×320

图 2-29　作品《母爱》　作者：潘友臣

作品名称：《思》　　木料：黄荆　　规格：287×132×520

图 2-30　作品《思》　作者：潘友臣

作品名称：《辈辈牛》　　木料：黄荆　　规格：867×252×652

图 2-31　作品《辈辈牛》　作者:潘友臣

作品名称：《雄鹰展翅》　　木料：红檀　　规格：986×623×1580

图 2-32　作品《雄鹰展翅》　作者:潘友臣　潘静

作品名称:《仰天长啸》　　木料:杨树　　规格:870×380×865

图 2-33　作品《仰天长啸》　作者:潘友臣

　　课堂教学与艺术体验相结合,做到因地制宜。根雕、奇石艺术工作坊将美育和专业教育实践活动相结合,从邯郸本地挖掘传统文化元素,不断提升学生的审美能力,培育和践行社会主义核心价值观。

　　紫山也称紫金山、马服山,位于河北邯郸西北,海拔498米,山势雄伟,景色壮观,山体裸露的巨岩和耸立的峭壁多为紫色、金黄色和褐色的紫石英,故取名为紫山。紫山奇石主要为画面石及象形石,石质坚硬、细腻、温润,山川沟壑、花虫鸟兽、森林河流、人间故事尽显于画中,具有强烈的艺术感染力和深邃的文化艺术内涵。

　　紫山奇石主要出自紫山西南的沁河河滩,有奇石产出的地段有焦窑村、陈窑村、郭窑村、工程村、东陶村、北牛叫村、张岩嵛村、葛岩嵛村、陈岩嵛村、康河村、肖河村、郭河村等二十多个沿河村落的大小河滩及沟壑。紫山石大多为深红、纯黑、黄、褐、浅绿、白、粉、灰等色,常常一石多色,可谓赤、橙、黄、绿、青、蓝、紫,无色不有,尤以紫山红、金边石、印花石的颜色最为引人注目。

　　石之坚硬,教人不忘初心;石之刚柔,让人内心强大;石之千态,让人赏心悦目。奇石艺术传达的既是石的精神,也是美的浸润,把中华优秀传统文化教育作为学校美育培根铸魂的基础,在传统文化艺术的提炼、转化、融合上下功夫,让学生在学习的过程中汲取自然与文化艺术的精髓。

　　以"扬奇石文化,传中华美德"为主线,将奇石文化嵌入校园文化中,集奇石文化与艺术为一体,将美育和德育承载于奇石之上,课堂上引导学生了解奇石、欣赏奇石,教育学生做人要像奇石一样忠诚正直、言行一致、表里如一。学生在各种活动中玩石、赏石、学石、写石,从而受到浓浓的石文化的熏陶和感染,养成良好的生活行为习惯,自觉地争做博学之人,做儒雅之事,沿着"博雅"教育的光辉之路创造美好未来。

　　奇石作品如图2-34至图2-46所示。

作品名称：《苍藤》
石种：牡丹石　　规格：260×260×180

图 2-34　作品《苍藤》　作者：金建海

作品名称：《芳草碧连天》
石种：大连海滩石　　规格：230×260×170

图 2-35　作品《芳草碧连天》　作者：金建海

作品名称：《浩渺清沙》
石种：紫山石　　规格：210×420×160

图 2-36　作品《浩渺清沙》　作者：潘友臣

作品名称：《积霞千山雨》
石种：紫山石　　规格：280×250×110

图 2-37　作品《积霞千山雨》　作者：潘静

作品名称：《佛手慈心》
石种：沙河石　　规格：350×180×120

图 2-38　作品《佛手慈心》　作者：金建海

作品名称：《磁州神韵》
石种：沙河石　　规格：260×320×130

图 2-39　作品《磁州神韵》　作者：潘静

作品名称：《落红缤纷》
石种：紫山石　规格：280×170×160

图 2-40　作品《落红缤纷》　作者：潘友臣

作品名称：《霜风秋色》
石种：紫山石　规格：260×460×170

图 2-41　作品《霜风秋色》　作者：潘友臣

作品名称：《万里横行》
石种：沙河石　规格：160×140×130

图 2-42　作品《万里横行》　作者：潘静

作品名称：《紫山云锦》
石种：河北紫山石　规格：400×500×200

图 2-43　作品《紫山云锦》　作者：潘友臣

作品名称：《跃马扬鞭》
石种：紫山石　规格：190×230×160

图 2-44　作品《跃马扬鞭》　作者：潘静

作品名称：《客来云中仙》
石种：沙河石　规格：400×200×150

图 2-45　作品《客来云中仙》　作者：金建海

作品名称:《空岩飞瀑》 石种:牡丹石 规格:160×240×150

图 2-46 作品《空岩飞瀑》 作者:潘友臣

模块三 水墨的艺术——书法艺术

学习目标

知识目标
任务一　认识书法的发展过程
任务二　掌握书法材料、工具的使用方法
任务三　各类书体的特点及赏析
任务四　楷书的结体之美及创作

能力目标
1. 掌握书法基本功
2. 掌握书法的结体之美、体势之美及创作方法
3. 经营美丽人生，创造幸福生活

素质目标
1. 学习工匠精神、勇于创新的精神
2. 坚定文化自信，丰富文化体验，感悟文化精髓
3. 培养专心刻苦的精神以及诚实守纪、吃苦耐劳的优秀品德

教学安排
课前　知识认知、准备材料、研读字帖
课中　规范动作、作品赏析、实践体验
课后　资料收集、研读字帖、拓展训练

任务一　认识书法的发展过程

名人名言

★技无大小,贵在能精。

——李渔《闲情偶寄》

(李渔,明末清初文学家、戏剧家。此句大意为一个人的技能并不在于大小,而贵在能够精通。)

课前——知识认知

汉字之美,美在底蕴深厚,六千多年的汉字史,记载了源远流长的文明史,记录了艰辛曲折的探索史,记述了百折不挠的奋斗史,让人类充分认识到汉字的社会价值。在汉字笔画从几种演化到 32 种的进程中,诠释了文明的生发,展现了汉字之形体美;在汉字字体从甲骨文、金文、篆书演变到隶书、草书、楷书、行书的过程中,铭刻了文明的发展,呈现了汉字之形态美;在汉字文化从誊写、雕版、活字传播演进到激光、数字传播的历程中,印记了文明的进步,体现了汉字之形象美。汉字字体演变示意图如图 3-1 所示。

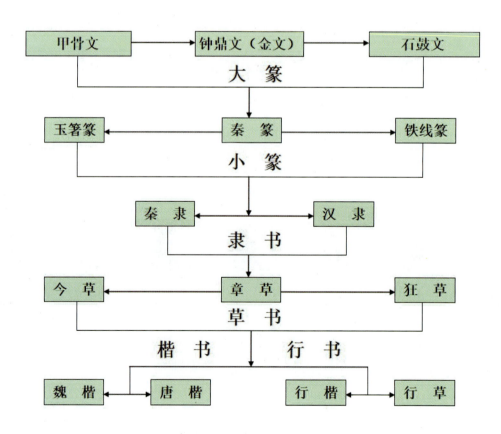

图 3-1　汉字字体演变示意图

中国书法历经千载,不仅确立了自己独特、完整的书写体系和审美体系,而且在长期的历史发展中,直接影响并哺育了中国人的文化人格和精神世界。

课中——认识字体发展

从甲骨文产生至今,汉字字体发展经历了古文字和今文字两大阶段,古文字阶段分为甲骨文、金文、大篆、小篆四个阶段;今文字阶段分为隶书、草书、楷书、行书四个阶段。对于书法字体的演变来说,公元前221年和公元220年非常重要。公元前221年,秦统一六国,公元220年,汉代结束,中间这段时间称作秦汉时期。秦统一六国之后,大篆改为小篆,在金文和石鼓文的基础上删繁就简而来。到了汉代,隶书受到帝王重视,发展成熟,史称汉隶。再到后来,隶书发展成为草书,然后出现了楷书、行书。从此,汉字字体没有太大的变化。"美"字的不同字体如图3-2和图3-3所示。

图3-2 "美"字的篆、隶、草、楷、行五种字体

图3-3 "美"字的多种字体

课后——资料收集

收集各种字体的代表作品,观察各种字体的不同特点。

任务二　掌握书法材料、工具的使用方法

名人名言

★尽小者大,慎微者著。

——董仲舒

(董仲舒,西汉学者。此句大意为在许多小事上努力,才能成就大事业;在诸项小节上谨慎,方可德行显耀。)

课前——准备材料和工具

中国书法的工具和材料基本上是由笔、墨、纸、砚演变而来的,人们通常把它们称为"文房四宝",宋朝以来"文房四宝"特指湖笔、徽墨、宣纸、端砚。书法工具和材料如图3-4至图3-8所示。

图3-4　书法用笔

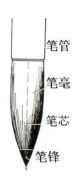

图3-5　毛笔的结构

图3-6　墨汁

图 3-7 书法用纸

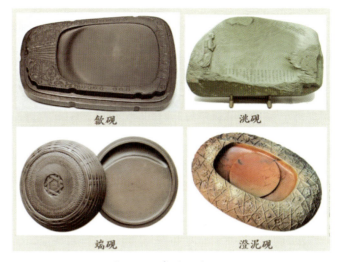

图 3-8 中国四大名砚

课中——规范动作及笔法练习

坐姿、站姿、执笔如图 3-9 至图 3-12 所示。枕腕、悬腕、悬肘如图 3-13 至图 3-15 所示。

图 3-9 坐姿

图 3-10 站姿

图 3-11 执笔正面

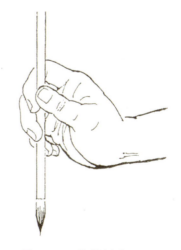

图 3-12 执笔侧面

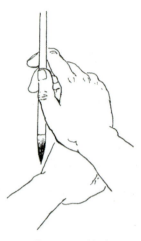 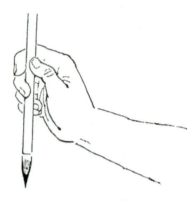 

图 3-13　枕腕　　　　　图 3-14　悬腕　　　　　图 3-15　悬肘

笔法练习包括以下几个方面。

(1)起笔:笔锋有藏有露,形态有方有圆,有平起、侧起和逆起之分。

(2)行笔:注意力度、速度的把握,有轻重、徐疾和提按等。

(3)收笔:力至笔端,有露锋收笔、藏锋收笔两种方法。

(4)中锋:笔锋在笔画中间行走,表现丰满的骨力。

(5)侧锋:笔锋在笔画痕迹的一侧行走,体现神采飞扬之感。

(6)藏锋:笔锋内敛于笔画中间而不外露,体现含蓄之美。

(7)露锋:笔锋外露,直截了当。

(8)转锋:笔毫触纸后稍提起,转换笔锋,做曲率较大的弧线运动。

(9)提笔和按笔:产生节奏和韵律之美,如图3-16和图3-17所示。

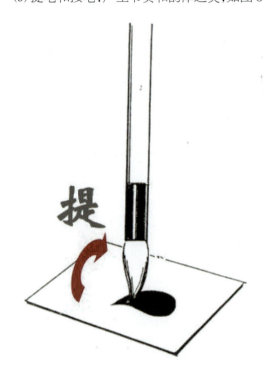 

图 3-16　提笔(由粗至细)　　　　　图 3-17　按笔(由细至粗)

课后——研读字帖

中国书法有着自身的客观标准和独特的审美体系，传统书法要求实践者墨守迹象、雅有门庭。

一幅好的书法作品，除了体现书家的字法、笔法、墨法等字内功夫外，还能体现书家的政治修养、道德修养、艺术修养、文学修养、汉字知识、人生阅历、生活积累、审美气质等字外功夫。柳公权所谓的"心正则笔正，笔正乃可法矣"，黄庭坚所言的"学书要须胸中有道义，又广之以圣哲之学，书乃可贵"，都是在鼓励人们在不断提高书艺的同时，要重视道德、品质的培养，做一个书品、人品俱佳的人。唐代书法家颜真卿在安史之乱平定后怀着对叛军的无比义愤，对侄儿为国献身的无比悲痛，情不自禁，一气呵成写下《祭侄文稿》，淋漓尽致地体现出他的情感和气节。

任务三　各类书体的特点及赏析

名人名言

★苟日新，日日新，又日新。

——商汤

（商汤，商朝的开国之君。此句大意为如果能每天除旧更新，就要天天除旧更新，不间断地更新，更新再更新，从勤于省身和动态的角度来强调及时反省和不断革新。）

课前——研读字帖，总结规律

1. 用笔

强调自然流畅，字组处理精彩，贴合汉字的正确书写规律，笔笔精到，来龙去脉表现清晰，运笔准确到位。

2. 结构

强调法度严谨、挺秀峻拔、格调高古，笔笔生态、字字生相。

3. 用墨

强调纸墨相发，笔韵自然贯畅，墨气充盈势达，一字一貌力避雷同，点画线条变化丰富，对比强烈，作品力避瑕疵，笔精墨妙。

4. 章法

强调左顾右盼、用印恰好、计白当黑、浑然一体。

5. 情感

强调法度与性情和谐交融，作品与人心相呼应，传统共性与个性相融合，做到相映生辉。

课中——熟悉各类书体的特点及作品赏析

（一）篆书的艺术特点与赏析

篆书是汉字之祖、书体之源，其他如隶书、楷书、行书、草书等各种书体都是由篆书演变而来的。篆书大体分为四类,即甲骨文、金文、石鼓文和小篆。

1. 甲骨文

甲骨文是刻在龟甲和兽骨上的文字,属于殷商时期的文字。虽然甲骨文的内容和程式都很简单,千篇一律,但它已满足中国书法艺术的三个基本要求——用笔、结构、章法,被认为是中国书法的滥觞。

从用笔上看,由于是刀刻,故甲骨文笔画多方折,笔画交叉处粗重,具有朴拙之美;从结构上看,甲骨文虽然大小不一,错综变化,但均衡、对称,中国书法形式美的格局已形成;从章法上看,甲骨文或错落有致,或缜密严整,或纵有行而横无列,显露出中国书法章法上的特点。因此,中国书法的特征在甲骨文中已初见端倪。

甲骨文如图 3-18 所示。

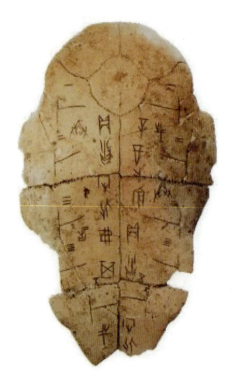

图 3-18　甲骨文

2. 金文

金文是殷商与周朝时期铸刻在钟鼎彝器上的铭文,所以又称为"钟鼎文"。金文是由甲骨文演变而来的,以《毛公鼎》《散氏盘》为代表,它们笔画圆匀,具有藏锋、裹锋、中锋的笔意,确定了篆书的运笔方法,结体紧密、平整、凝重,显示出严谨的规律性。在章法上,《毛公鼎》大小错落、长短参差,《散氏盘》法度严谨、气势雄伟,二者都表现出圆浑沉郁、肃穆凝重的风格,如图 3-19 和图 3-20 所示。

3. 石鼓文

石鼓文属于大篆体系,是刻在石鼓上的籀文,是我国现存最早的石刻文字。石鼓共 10 件,分别刻有记述秦国国君游猎情况的四言诗一首,所以石鼓文也叫"猎碣"。

石鼓文书法用笔劲健凝重,笔画雄厚畅达、粗细均匀,结体平稳方正、匀称整齐,有一定的规律性,章法排列整齐。

石鼓文是秦系文字,继承西周书法传统,被世人称为小篆之祖。

石鼓文如图 3-21 所示。

4. 小篆

小篆也叫秦篆，是由大篆衍变而形成的一种书体。小篆不仅废除了秦以前的异体字，省去了古文字的繁复，使汉字变得简练和统一，而且笔画线条庄重优美，结体圆匀舒展、柔中带刚、俊健爽朗，具有很高的艺术性。流传下来的小篆书法以刻石最为有名，如《泰山刻石》《琅琊刻石》《峄山刻石》等，如图3-22至图3-24所示。

图 3-19 《毛公鼎》

图 3-20 《散氏盘》

图 3-21 石鼓文

美育实践

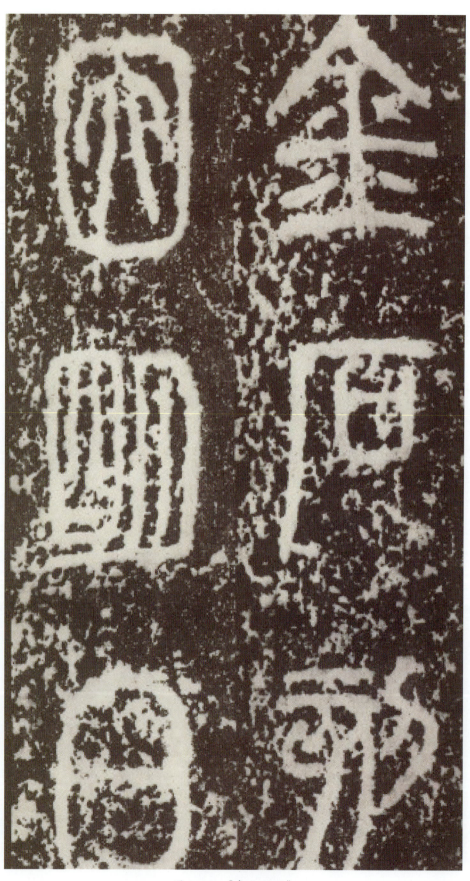

图 3-22 《泰山刻石》

图 3-23 《琅琊刻石》

图 3-24 《峄山刻石》

（二）隶书的艺术特点与赏析

隶书起源于战国，孕育于秦，形成于西汉，盛行于东汉，是由篆书简化演变而形成的。隶书有秦隶、汉隶之分。

1. 秦隶

秦隶是将秦篆变为正方或扁方的书体，有"蚕头燕尾"和"波磔"出现，代表作品有《青川木牍》（见图 3-25）和《睡虎地秦墓竹简》（见图 3-26）等。《青川木牍》字形不拘一格，起笔、行笔、收笔富于变化，点画有明显起伏，出现了波挑的笔意，用笔轻重疾徐，映现出点画之间的连带和呼应关系，笔画刚柔肥瘦，富于变化。《睡虎地秦墓竹简》反映了篆书向隶书转变阶段的情况。

2. 汉隶

汉隶在结体上多扁方或正方，在用笔上方圆兼施。相较于篆书，隶书体形修长，笔画更加丰富多彩，有点、横、竖、撇、捺、钩、折等。

汉隶流派较多，可分为以下三类。

(1) 秀逸劲健类，如《曹全碑》（见图 3-27）、《乙瑛碑》（见图 3-28）、《礼器碑》（见图 3-29）。此类隶书造型秀逸多姿，内紧外松，波磔分明，结字偏扁。

(2) 方正古拙类，如《张迁碑》（见图 3-30）、《衡方碑》等。此类隶书用笔多方，结构严谨，风格古拙，笔画多变化，骨力雄厚，气势磅礴。

(3) 怪异奇特类，如《石门颂》（见图 3-31）。有人认为《石门颂》是隶书中的草书，其用笔特殊，既不同于圆笔，也不同于方笔，行笔挥洒自如，天真率意，字形笔画变化多姿，结构松而不散，虚实得法，奇趣天成。

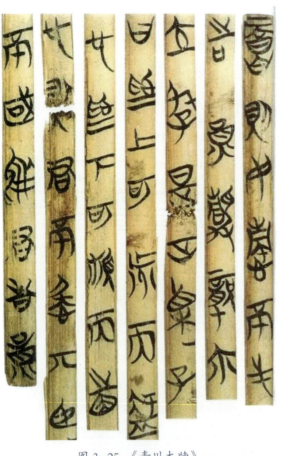
图 3-25 《青川木牍》

图 3-26 《睡虎地秦墓竹简》

图 3-27 《曹全碑》

图 3-28 《乙瑛碑》

图 3-29 《礼器碑》

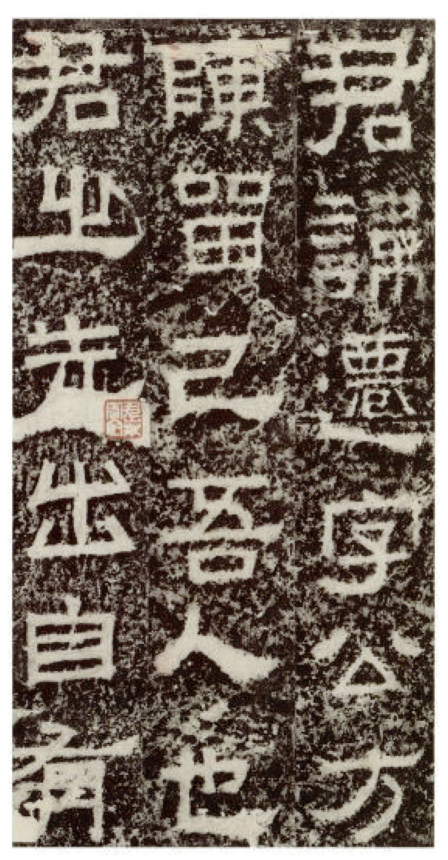

图 3-30 《张迁碑》

图 3-31 《石门颂》

(三)楷书的艺术特点与赏析

楷书又称"正书""真书",取其端正、标准之意,可作楷模,故称之为"楷书"。楷书是由隶书演变而来的。东汉时期盛行的隶书有着强烈的装饰性,采用"蚕头燕尾""波磔"等表现手法,丰富了汉字的表现力,但同时也影响了汉字的流畅性和实用性。东汉末年,隶书的用笔、结构开始走向多样化,魏晋南北朝时期,楷书摆脱隶书而形成新的字体,其中,钟繇的《宣示表》(见图 3-32)非常具有代表性,横长竖短,结构略宽,偶见隶书用笔。与隶书相比,楷书在用笔上更为多变,隶书有横、竖、捺之画,而楷书有八法:点为侧,横为勒,竖为弩,钩为趯,提为策,长撇为掠,短撇为啄,捺为磔。

楷书可分为两类,一是魏楷,二是唐楷。

魏楷,指南北朝时期的碑刻,又称为魏碑。魏碑转折处多用侧锋,造型外方内圆,形成雄浑、粗犷、凝重的书体风格。代表作品有《石婉墓志》(见图 3-33)、《始平公造像记》、《石门铭》、《张猛龙碑》等。

楷书发展到唐朝已比较成熟,这一时期的楷书称为唐楷。唐代重视书法教育,将书法作为国学,因此,唐代楷书出现了空前绝后的繁荣,此时名家辈出、风格各异,代表人物有欧阳询、虞世南、褚遂良、颜真卿、柳公权等。唐楷作品如图 3-34 至图 3-37 所示。

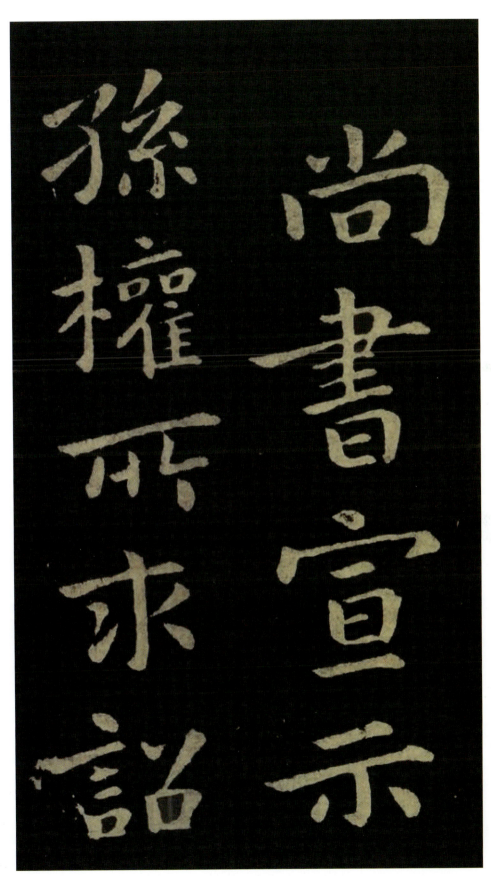

图 3-32 《宣示表》

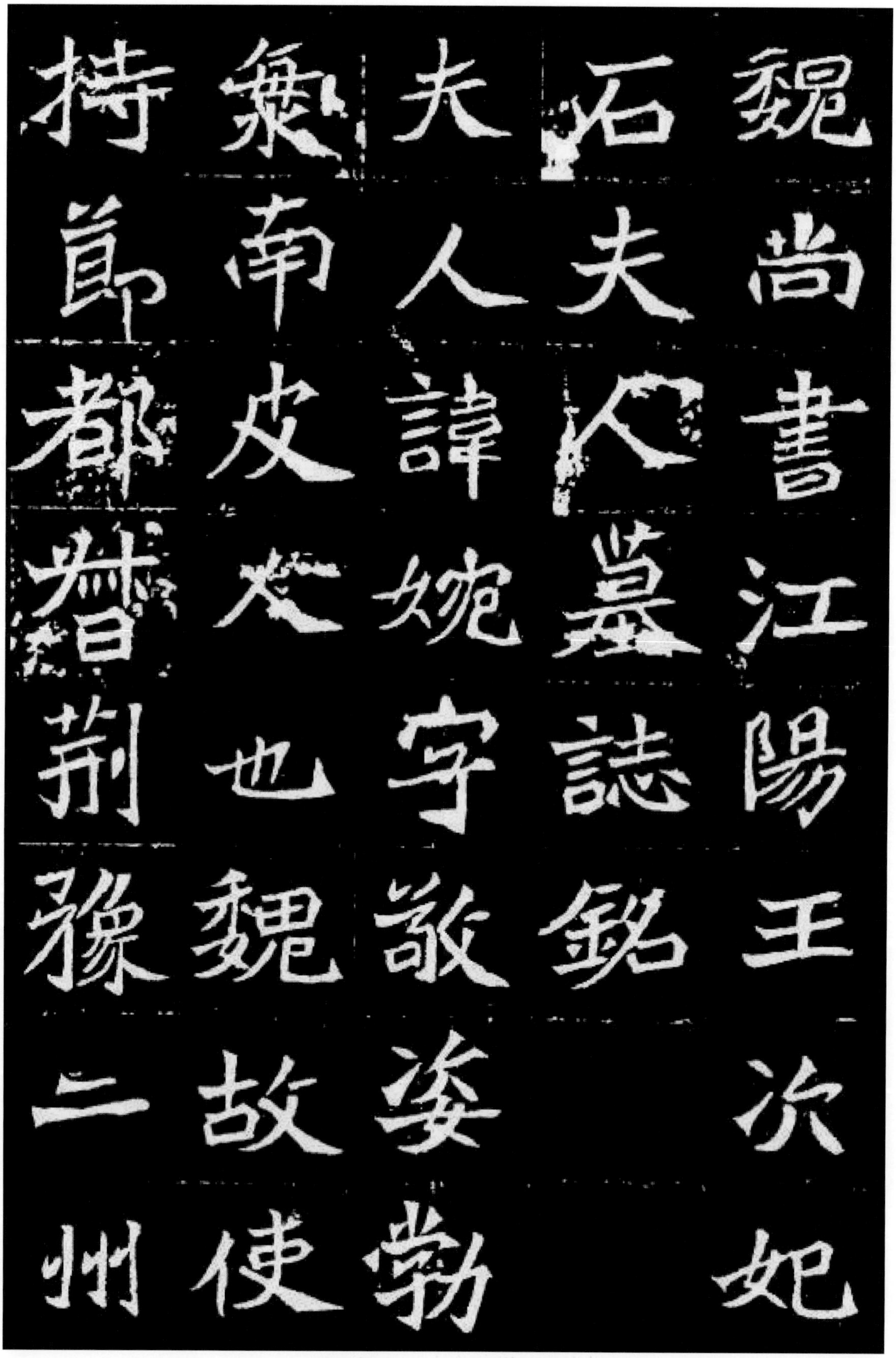

魏尚书江阳王次妃石夫人墓誌铭

夫人讳婉字敬姿勃

象南皮人也魏故

持节都督荆豫二州

图 3-33 《石婉墓志》

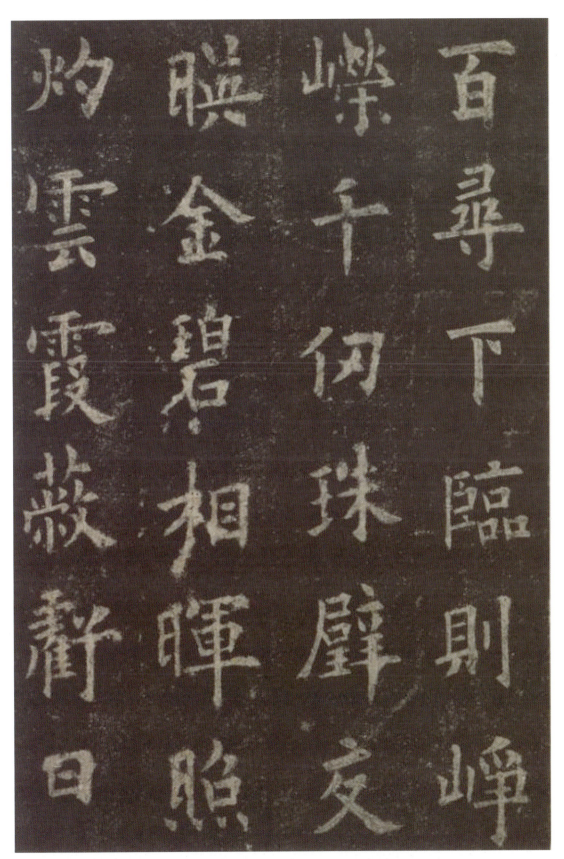

图 3-34 欧阳询《九成宫醴泉铭》
（笔法独特、结构险峻、中宫收紧、结构右伸、主笔夸张、左右参差）

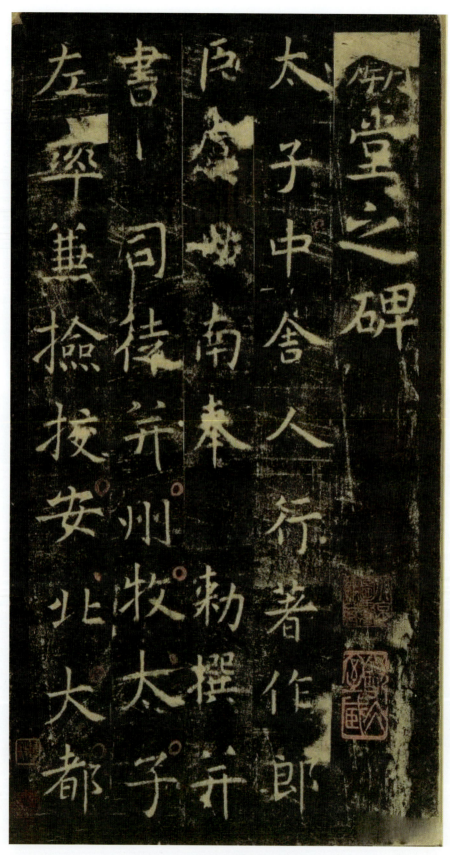

图 3-35　虞世南《孔子庙堂碑》

（密而透气、松而不散、圆厚温润、用笔精健、法度严谨）

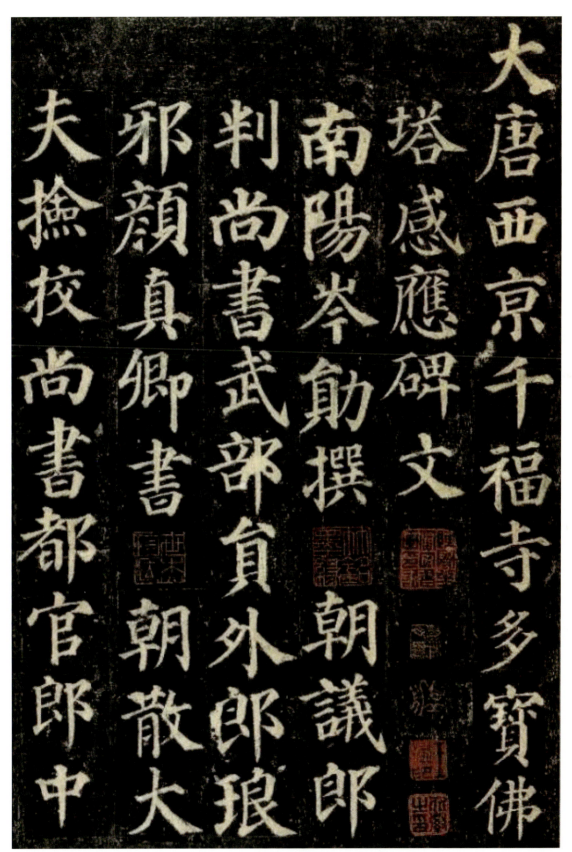

图3-36 颜真卿《多宝塔碑》
（丰厚遒美、腴润沉稳、横细竖粗、对比强烈、结构严谨、规整匀称）

图 3-37 柳公权《玄秘塔碑》
（内敛外拓、结字紧密、劲健舒展、干净利落）

无论是魏碑还是唐楷，都呈现出上紧下疏、左紧右疏的结构特征，改变了隶书左右均等的结构方式，点画多变，形态各异，用笔骨力雄浑、险峻、健爽，结构严谨，给人以美的享受。

（四）行书的艺术特点与赏析

行书始于东汉，成熟于晋唐，晋唐书法大家都精通行书，并留下极为宝贵的行书碑帖。其中，王羲之的作品对后世产生了深远的影响。王羲之的《兰亭序》（见图 3-38）布局自然多变，神采飞扬，是其代表作。

王羲之第七子王献之也是杰出的行书大家，其书法气势开张、雄健俊美，《鸭头丸帖》（见图 3-39）为其行草代表作。

除王羲之和王献之以外，唐代颜真卿，宋代苏轼、米芾、黄庭坚，明代文徵明、祝允明，清代郑板桥、赵之谦都是行书大家。颜真卿《祭侄文稿》如图 3-40 所示。

图 3-38　王羲之《兰亭序》

（气韵自然、神采飞扬、左顾右盼、上呼下应、疏密聚散、大小错落、长短互用、粗细相生）

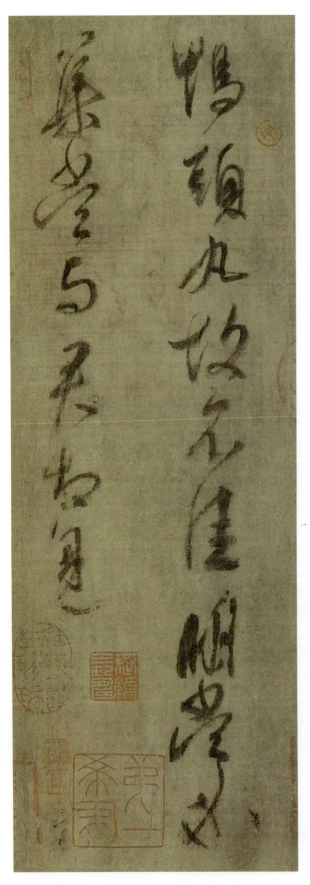
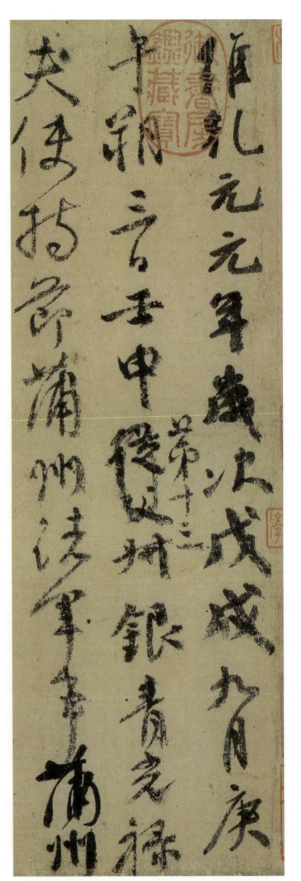

图 3-39　王献之《鸭头丸帖》　　　　　图 3-40　颜真卿《祭侄文稿》

(五)草书的艺术特点与赏析

草书是笔画连绵,比行书更为简约、放纵的一种书体,有章草、今草、狂草之分。

1. 章草

章草是隶书的草体,特点是字独立,而不连写,保留了隶书笔法的形迹,笔画粗细变化较大,横画尾部往往写成捺角,向右上方挑出,结构一般为左紧右松。古代的章草作品已不多见,传世名作有东汉张芝的章草刻本《秋凉平善帖》、三国时期皇象的章草刻本《急就章》(见图3-41),以及西晋索靖的《月仪帖》等。

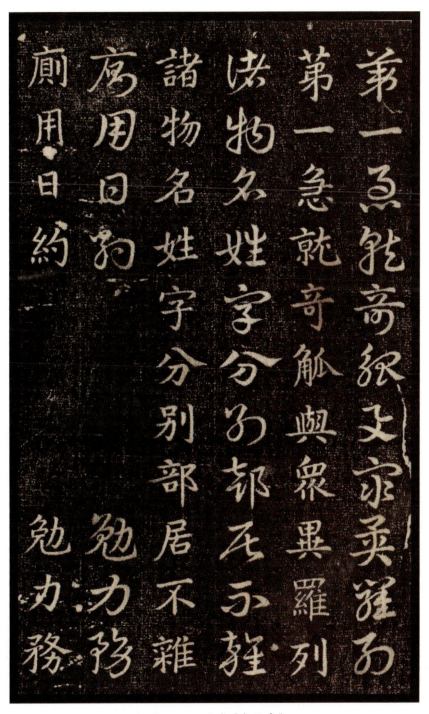

图3-41 皇象《急就章》

2. 今草

今草,也称小草,是对章草的革新。今草始于东汉,成熟于魏晋。王羲之和王献之的今草受张芝影响最大,其书法作品流畅自然、神采飞扬,有"龙跳天门,虎卧凤阙"之姿,已突破章草的藩篱,开今草之先河。王羲之的作品有《十七帖》(见图3-42)、《初月帖》、《寒切帖》等。

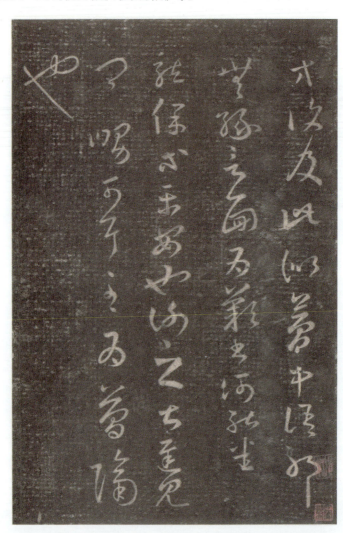

图 3-42 王羲之《十七帖》

王羲之和王献之之后,草书名家辈出,流派纷呈,成就卓著,对后世影响较大的有以下书家及作品:隋朝释智永作品《真草千字文》秀美多姿,耐人寻味;宋代黄庭坚作品《李白忆旧游诗卷》结体多变,美不胜收;宋代米芾的草书风神超迈,传世作品有《论草书帖》;元代康里巎巎的草书潇洒爽利;元代鲜于枢的草书笔画朗秀劲利,字势清逸;明代祝允明的草书烂漫纵逸、劲健豪放;清代王铎的草书笔势尽显雄快,讲究方圆曲直、轻重顿挫的变化,结字欹侧,豪放不羁,多有奇趣;清代傅山的草书柔中带刚,意趣天成。

3. 狂草

狂草是今草发展到极端的产物,相传狂草为唐代张旭所创,后人称张旭为草圣。狂草的特点是突破了今草的规范,夸张了今草的结构体势,运笔连续不断,起伏跌宕,奔放豪爽,纵情发挥,大开大合,富于变化,非常具有艺术感染力。张旭的狂草作品《古诗四帖》如图3-43所示。唐代书法家怀素的狂草作品《自叙帖》如图3-44所示。

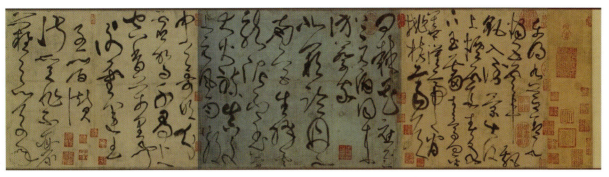

图 3-43　张旭《古诗四帖》

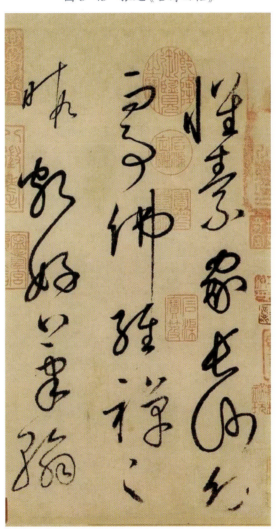

图 3-44　怀素《自叙帖》

草书是一种比行书更加奔放的字体，其共同特点是在艺术上采用夸张的手法，使点画连绵不断。与行书相比，草书书写速度和节奏更快，起伏更大，点画呼应更明显、更流畅，从而更能表现浪漫气息和丰富的情感，是一种高雅的书体，具有很高的艺术欣赏价值。

课后——总结归纳，拓展训练

赏析各种书体的书法作品，总结归纳各种书体的特点，并进行拓展训练。

任务四　楷书的结体之美及创作

名人名言

★君子务本，本立而道生。

——《论语》

（此句大意为君子要专心致力于根本的工作，根本建立了，治国做人的原则也就有了。）

课前——准备材料

体势是指书法作品中单个字符的形貌、体态、姿容、神情、气质、风采等，简言之，就是单个字的艺术形象，其中既包括物质层面，又包括物质基础之上的精神层面。追求单个字符的体势塑造及其变化是书法创作中的核心问题。体势的塑造是一定的点画形态与一定的结体方式的综合体现。

现代美学大师宗白华先生曾说，这个生机勃勃的自然界的形象，它的本来的形体和生命，是由什么构成的呢？我们的常识就知道，一个有生命的躯体是由骨、肉、筋、血构成的……中国古代的书法家要想使"字"也表现生命，成为反映生命的艺术，就需用他所具有的方法和工具在字里表现出一个生命体的骨、筋、肉、血的感觉来。

苏东坡曾说："书必有神、气、骨、肉、血，五者缺一，不为成书也。"这句话说明在书法创作过程中，要塑造出一个有机的生命体，展现出生命的内部物质构成以及外部形貌特征，体现出生命的"活"与"力"，体现出生命之美。

新时代的书法爱好者一定要弘扬家国情怀，传递精神力量，要以古今经典传承家国情怀，以历史文化涵养家国情怀，以时代精神焕发家国情怀，努力多写体现社会主义核心价值观的作品，多写格调高雅、积极向上、含义深远，反映"修身、齐家、治国、平天下"，弘扬"仁、义、礼、智、信""温、良、恭、俭、让""忠、孝、廉、耻、勇"等中华传统美德的作品，多写反映时代呼声，振奋民族精神，热情讴歌党、讴歌祖国、讴歌人民、讴歌英雄、弘扬真善美、唱响主旋律、传递正能量的作品，努力为建设新时代社会主义现代化强国、全面推进中华民族伟大复兴提供精神力量。

一幅好的书法作品，既要有严谨、合法、美观的结体，也要有节奏感和立体感，要有筋骨血肉和刚柔相济的点画线条，要有能体现书家阅历、气质和人格魅力的神采气韵和精神风貌，没有神韵的书法作品是不能吸引人、打动人的。周代钟鼎文、秦代刻石、汉隶、魏碑、唐楷等，在韵、法、态、势、意等方面各有开拓；王羲之的行书、张旭的草书、颜真卿的楷书等，都是在严守法度的基础上表现出大境界，给人以气象宏阔、书风雅静、大气磅礴、提振精神的审美熏陶和精神力量，呈现出时代的正大气象。

课中——实践体验楷书的结体之美

以楷书为例，熟悉并掌握不同书体的结体之美。"关系"为"和"，没有关系，彼此独立，则不能和；"变化"为"不同"，这些变化多为阴阳变化，而阴阳变化又需达到"和"的要求，不能阴阳失衡。因此，"和而不同"是结体中关系和变化的综合体现，是结体的内在要求，也是结体的内在逻辑。

1. 平行相随

相对同向的笔画平行相随，字内空间整齐顺畅（见图3-45）。

2. 顺承相对

增强结体各部件之间的呼应关系(见图3-46)。

图3-45 平行相随

图3-46 顺承相对

3. 笔势相聚

增强笔画的相互联系(见图3-47)。

4. 穿插避让

笔画穿插避让,部件紧密联系又互不冲突(见图3-48)。

图3-47 笔势相聚

图3-48 穿插避让

5. 粗细相对

笔画粗细平衡(见图3-49)。

6. 点画呼应

笔画间点画呼应,灵动活泼(见图3-50)。

图 3-49 粗细相对

图 3-50 点画呼应

7. 间距匀称

笔画间距匀称,空间均衡,布白均匀(见图 3-51)。

8. 内紧外松

内部紧凑,笔画向外伸展,形成对比(见图 3-52)。

图 3-51 间距匀称

图 3-52 内紧外松

9. 上紧下松

上部紧凑,下部伸展,形成对比、稳定(见图 3-53)。

10. 左紧右松

左侧紧凑,右侧伸展,形成对比、变化(见图 3-54)。

11. 同画有异

相同笔画或部件形态各异,变化多端(见图 3-55)。

12. 斜中有正

注意斜向笔画的长短及角度,将取势险峻的字写得端正平稳(见图 3-56)。

图 3-53 上紧下松

图 3-54 左紧右松

图 3-55 同画有异

图 3-56 斜中有正

13. 因形取势
理解字形天然构成的结体规律(见图 3-57)。

14. 有收有放
"放纵"的笔画,形成收放对比(见图 3-58)。

图 3-57 因形取势

图 3-58 有收有放

15. 错落有致
结构错落,平稳而不呆板(见图 3-59)。

16. 中竖宜正

中间的竖画要写正(见图 3-60)。

图 3-59　错落有致

图 3-60　中竖宜正

17. 底横宜长

底部的横画要写长,重心才稳(见图 3-61)。

18. 交叉求中

交叉的笔画要写在中间,字才挺立(见图 3-62)。

图 3-61　底横宜长

图 3-62　交叉求中

书法是点画线条的艺术形式,要做到形神兼备,形包括点画线条以及由此而产生的书法空间结构,神指书法的神采意味。书法作品应当具备以下三个特点。

(1) 力量感。点画线条的力量感是线条美的要素之一,指点画线条在人心中唤起力量的感觉,强调藏头护尾,不露圭角。

(2) 节奏感。书法由于在创作过程中运笔用力大小以及速度快慢不同,产生了轻重、粗细、长短、大小等不同形态有规律的交替变化,使书法的点画线条产生了节奏感。静态的书体(如篆书、隶书、楷书)节奏感较弱;动态的书体(如行书、草书)节奏感较强,变化也较为丰富。

(3) 立体感。立体感是中锋用笔的结果,点画线条饱满圆实、浑厚圆润。

课后——拓展训练

书法作品可供人们欣赏,而欣赏要讲究方式方法,只有掌握了欣赏的规律、标准和方法,才能正确、客观地欣赏书法作品。书法之美体现在点画美、结构美、章法美、气韵美等方面,欣赏书法作品要由面到点、由点到面、视静为动、展开联想。了解各类书体的特点,有助于我们欣赏书法作品时获得愉悦的艺术美感。金天慈书法作品如图 3-63 和图 3-64 所示。

图 3-63 金天慈书法作品(一)

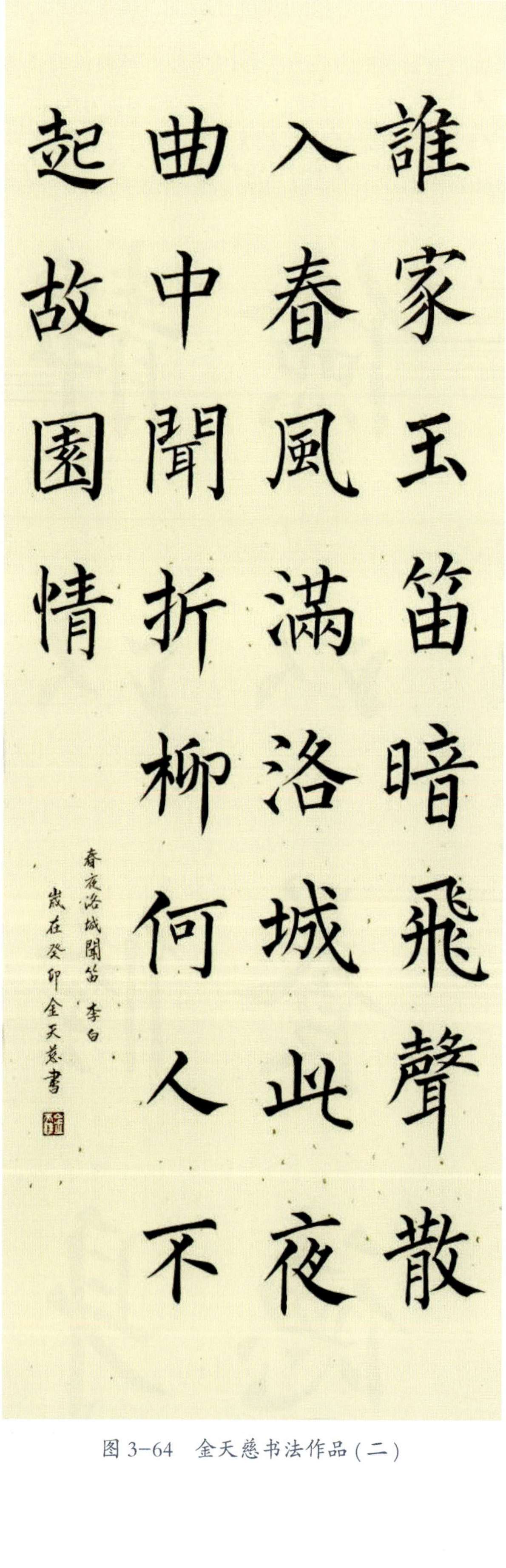

谁家玉笛暗飞声　散入春风满洛城　此夜曲中闻折柳　何人不起故园情

春夜洛城闻笛 李白
岁在癸卯 金天慈书

图 3-64　金天慈书法作品（二）

模块四 设计的艺术——文创设计

学习目标

知识目标

任务一　文创的概念、类别及工艺方法

任务二　文创的设计原则

任务三　文创的设计方法

任务四　文创的创意制作

能力目标

1. 掌握文创的材料、工具和工艺方法
2. 熟练掌握文创的设计原则、设计方法及创意制作
3. 启发学生用审美的眼光反思设计问题，培养审美思维，提高审美素养，提升设计创意能力

素质目标

1. 培养职业精神、勇于创新的精神、工匠精神
2. 养成定期收集资料的习惯，培养专心刻苦的精神以及诚实守纪、吃苦耐劳的优秀品德
3. 培养执着专注、精益求精、一丝不苟、追求卓越的职业品格

教学安排

课前　　知识认知、重要提示、准备材料

课中　　分析概念、实践体验、实践操作

课后　　讨论一下、作品赏析、拓展实训

任务一　文创的概念、类别及工艺方法

名人名言

★海不辞水，故能成其大；山不辞土石，故能成其高。

——管仲

（管仲，春秋时期政治家、军事家。此句大意为大海不拒绝各种各样的水，所以才能成就它的博大；大山不拒绝形形色色的土石，所以才能成就它的高耸。）

课前——知识认知

随着物质生活水平的提高，人们越来越追求生活的品质化、艺术化。文创产品承载着独特的文化符号和内涵，受到广大消费者的青睐。特别是在传统节日，文创产品集中推出，不但满足了人们的文化消费需求，同时也创造了良好的社会效益和经济效益。文创产品以传统文化为底蕴，有利于弘扬和传承中华民族优秀传统文化。

文创产品作为传播中国传统文化的方式之一，也是继承和发展地域文化的主要手段。近些年，博物馆文创产品频频"出圈"，例如马踏飞燕玩偶（见图4-1）、说唱陶俑文创雪糕（见图4-2）、四羊方尊巧克力（见图4-3）等，它们成功的关键在于文化资源与产品的有机结合，前者为后者提供了高附加值。好的文创产品不应该只是简单的元素堆砌，而是审美、功能和内涵的和谐统一。

文创设计即文化创意设计，文化创意设计的关键就在于设计元素的萃取与转化，既有文化本质，又具有有创意价值的新造型设计，既有文化的核心价值，又符合时尚市场需求。文化创意产业包括广播影视、视觉艺术、表演艺术、雕塑、环境艺术和计算机服务等方面的创意群体。

中国拥有深厚的文化底蕴，从思想、文学、艺术，到服饰、饮食、风俗等，都可以作为文创产品开发的沃土。文创产品设计应推动文化资源与现代生活相融合，既适应消费者的需求和偏好，又让消费者在使用文创产品的过程中接受文化的滋养，让文化得到更广泛的传播，从而提升社会效益与经济效益。

东汉青铜器马踏飞燕

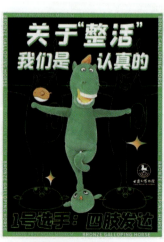
马踏飞燕玩偶

马踏飞燕徽章

马踏飞燕摆件

图4-1　博物馆文物马踏飞燕及文创产品

东汉击鼓说唱陶俑

文创雪糕

图 4-2 博物馆文物说唱陶俑及文创产品

商代晚期青铜器四羊方尊

四羊方尊巧克力

图 4-3 博物馆文物四羊方尊及文创产品

优秀的文创产品,不仅能让公众在潜移默化中深入感知历史、品读文化,还能唤起集体记忆,凝聚情感共识。"文创"二字,"文"居词首,"创"随其后,唯有以文促创,以创彰文,才能让文创产品不落贴标签、仿形式的窠臼,脱离形式化、同质化的桎梏,文创市场才能发展得更好。

文化的普及和传承,是文博机构的重要使命,文创的发展,可以让文化更加贴近生活、深入人心,这样可以更好地发挥文化的社会教育作用。在文化的基础上发挥创意并进行创造,生产出高附加值的产品,有助于增强文化自信和文化认同,让传统文化"活"起来。

课中——分析概念、类别及整理资料

1. 文化创意的相关概念

文创即文化创意,是指以文化为元素,融合多元文化,利用不同载体进行再造与创新。将文化创意的范围缩小到具体的产品设计上,给文化创意设计下一个定义,即提取文化内涵中的经典元素,经过有创意的处理形成一种既有文化内涵又有创新价值且符合市场需求的物质形态。文化创意产品将文化以产品的形式表现出来,这种产品的功能倾向于更高层次的审美和象征功能,其使用功能所占据的比重较小。文化创意产品重在文化符号和人文精神的提取,从而对文化符号重新进行解读。从产品的角度来说,以文化创意的形式表达产品的语义,是一种新的产品表达形式,在产品本身的功能之上又承载了更多的文化内涵。

"一盏茶时"灵岩绿茶包装设计如图4-4所示。

图4-4 "一盏茶时"灵岩绿茶包装设计　作者:郑静雯

2. 文化创意产品的类别

在市场上的文化创意产品中,趣味性的文化创意产品占据了很大一部分。从功能上划分,文化创意产品可以分为实用类、实用与娱乐综合类、装饰类等。从领域上划分,文化创意产品可以分为平面类、产品类等。随着数字技术的延伸,目前兴起了一种新的文化创意产品(或者可以称之为文创体验),如利用虚拟现实、增

强现实等技术开发的文化创意场景,可以使人切身体会到文化创意活动的乐趣。

放映机徽章如图 4-5 所示。

图 4-5　放映机徽章

3. 资料的收集整理

(1) 资料的整理分类。

首先进行市场调查,然后对资料进行分类,可以按照建筑、服饰、民间艺术、历史、民族、饮食、民俗等类别进行归纳整理。

(2) 资料的分析与提取。

经过调查、收集、分类、分析、总结,发现不同地域的特色与风采,寻找能够打动自己的方向进行深入研究,同时可以通过查阅书籍与网络搜索补充相关资料。在整理、分析资料的过程中,可以按小组形式,将所获取的资料共享,再寻找自己感兴趣的方向。这样信息范围广,信息量大,思维也更加活跃。

(3) 考察分享。

通过考察分享会的形式,分享信息与心得,互相学习,进一步回顾总结、厘清思路,为后面的创新设计做好铺垫。

课后——讨论一下

文创产品形式多样,制作材料也不同。常见的民间艺术的表现形式有蜡染、泥塑、剪纸、年画、木雕、风筝、竹编、工艺铸造等,如图4-6至图4-13所示。

图4-6 蜡染

图4-7 泥塑

图 4-8 剪纸

图 4-9 年画

图 4-10 木雕

图 4-11 风筝

图 4-12　竹编

图 4-13　工艺铸造

任务二　文创的设计原则

名人名言

★君子深造之以道，欲其自得之也。

——孟子

（孟子，战国时期哲学家、思想家、教育家，儒家学派代表人物，代表作《孟子》。此句大意为君子遵循一定的方法来加深造诣，是希望自己能有所收获。）

课前——重要提示

明确文创产品的定位，首先要清楚文创产品的目标受众，从而明确文创产品的风格和特色。文创产品的创意、策划，关键环节是从市场、文化、艺术等多个角度进行思考，寻找产品的创意来源，策划过程中要充分考虑成本、利润等问题，确保文创产品能实现盈利。另外，需要考虑文创产品的形状、外观、材质等多个方面，考虑如何将创意转化为现实，让设计既美观又实用，并且给消费者带来良好的体验。在市场中，可以通过社交平台、媒体宣传进行有效推广，不断优化与升级，提高消费者满意度。

1. 文化与创意的融合

文创产品的设计需要深度融入文化元素，同时保持创意的独特性，这种融合不是简单的堆砌，而是在产品中体现文化内涵，引发共鸣。设计者要在挖掘优秀传统文化的基础上，对文化资源进行再创造，将文化元素以一种有趣、特别的方式融入产品中，让消费者既能感受到设计的巧思，又能收获良好的文化体验。面具抱枕如图4-14所示。

图4-14　面具抱枕

2. 美感、功能性和内涵

文创产品应具备美感、功能性和内涵，需要融汇古今、雅俗并陈。文创产品不等同于衍生产品，更不算大型的展会或主题活动的附属品，不应该是奇特的装饰，而应当具备自主性，并进入日常生活。文创产品不仅要外在美观，还要实用，更要有深刻的内涵，能够引起消费者的共鸣。镂空书签尺如图 4-15 所示。

图 4-15　镂空书签尺

3. 新文创理念

文创产品的形式不应该单一，并且要强调趣味性和倾诉性。传统文创与平面设计紧密联系，而新文创理念强调在更多维度上进行创新，文创产品不但包括视觉平面延展为主的产品，如胶带、笔记本、帆布包、马克杯及装饰品等，还包括文创体验。青花瓷韵如图 4-16 和图 4-17 所示。玉兔紫檀梳如图 4-18 所示。

图 4-16　青花瓷韵（一）

图 4-17 青花瓷韵(二)

图 4-18 玉兔紫檀梳

4. 中华传统文化创新

产品设计要能够融入传统文化元素,但又不拘泥于传统,赋予产品时代感,同时推动中华传统文化的创新与发展。在设计过程中,要将历史印记、文化自信、民族精神等融汇到文创产品中,弘扬中华优秀传统文化,传承中华文明。"翔鸾舞凤"系列贝珠如图4-19所示。

图4-19 "翔鸾舞凤"系列贝珠

课中——实践体验

根据对市场已有文化创意产品的研究,文化创意产品的设计实际上就是将文化载体上的经典的、广为人知的、优良的、符合当下文化生态的文化符号抽象提取出来,再将这种经过简化抽象的具有一定文化语义的符号与那些具有相关性的实用功能结合起来,转化为有形的、具体的、能够接受的物品的过程。

文化创意产品的设计方法有以下几种。

1. 对已有文化形态的具象模仿

根据模仿程度的不同,对已有文化形态的具象模仿有直接对文化产品的仿制,也有经过适当简化处理的形象模仿,这是最初级的,也是市场上大多数文化创意产品惯用的设计手段,这在一定程度上造成了文化创意产品的同质化。如今在各大旅游景点都可以看到这种直接的文化形态的模仿品。

这种对文化形态的具象模仿也包括传统纹样、肌理、配色等方面。这种设计方法既包括直接大面积的借用,也包括局部的引用。在整体纹样借鉴方面,没有过多的抽象和加工。局部纹样的借鉴主要是对纹样的截取、简化,进行艺术化的设计之后再加以移植。

在色彩的运用上,大多是对文化产品的经典配色或主色调进行提取,以此来体现其所处时代的文化特征,这种独特的色彩搭配能使人在视觉上直观地联想到相关的文化情节和特征。有些产品的形态和古代文化产品的形态具有相似性,其文化元素可以得到很好的利用,这种情况既有对实用功能要求的满足,又有对文化意境的营造。

从市场来看,这种设计方法常见于实用价值较高的日常生活用品,如饮具、文具等。采用这种方式设计出来的文创产品可以将经典的文化符号带到人们的日常生活中去,能够直接提升人们的审美素养。

千里江山团扇书签如图4-20所示。

图4-20　千里江山团扇书签

2. 对文化意象的引用

在每一种文化中都存在着各种各样的意象，这些意象在特定的历史条件下形成，并在社会群体中通过各种各样的方式被保留下来，经过时间长河的淘洗，所留下来的意象就是本民族经典的文化符号，它已深刻地融入了每个人的文化血脉中，成为一个人性格的一部分。这种文化意象在本群体中具有共通性，成为群体价值认同的一部分。对这种具有深刻文化内涵的文化意象的引用具有很大的难度，必须将产品的使用功能、审美功能和象征功能三者紧密结合起来。好的产品讲究天时、地利、人和，这就是产品的审美意境、实用性和人性化的有机结合。

敦煌印象金属艺术书签如图 4-21 所示。

图 4-21　敦煌印象金属艺术书签

3. 对 IP 及周边的延伸

这种设计方法是在开发出文化符号的核心 IP 之后,围绕这个核心 IP 展开周边。这种设计方法讲究系统性和延展性,在具体的产品中可能形象会有差别,但是其中的文化内涵是属于同一个文化 IP 的。除了 IP 的引用之外,有的文创产品还加入了流行元素,这样可以降低受众的理解难度,有利于 IP 的推广融入。目前比较成功的设计方法是先开发出 IP 及周边的文化元素,再利用这些文化符号开展相关的设计,在设计范围的逐渐拓展中,再加入新的文化元素和产品形式。通过这种方法,文化创意产品的设计逐渐变得成熟。

文创设计是一个将创意、艺术与实用性相结合的设计领域,它能够激发人们的情感共鸣并带来美的享受。在当今快节奏和信息爆炸的社会环境中,要想使文创产品脱颖而出,吸引人们的注意力和兴趣,就需要运用令人眼前一亮的设计手法。文创设计可以采用非传统的图形元素,突破传统的限制,引起观者的兴趣和注意。通过使用奇特的线条、流线型的形状或者不规则的轮廓,创造出与众不同的视觉效果,这种独特性能够使设计更加吸引人,产生强烈的视觉冲击力。

在文创设计中,巧妙地运用简洁、流畅的线条是让人眼前一亮的重要手法之一。精细而柔和的线条、富有张力的线条都能够增加设计作品的动感和流动性,使整个设计更加生动活泼。线条还可以引导观者的视线,产生层次感,为设计增添趣味和魅力。

雅趣熊猫艺术书签如图 4-22 所示。

图 4-22　雅趣熊猫艺术书签

课后——作品赏析

长鲸跃海国风金属艺术书签如图 4-23 所示。艺术团扇金属书签如图 4-24 所示。

图 4-23　长鲸跃海国风金属艺术书签

图 4-24　艺术团扇金属书签

任务三　文创的设计方法

名人名言

★川学海而至海,故谋道者不可有止心。

——王永彬《围炉夜话》

(王永彬,清代学者,著有《围炉夜话》。此句大意为河川学习大海的兼容并包,最后才能汇流入海,所以,追求学问和道理的人不能有怠惰和停息的心态。)

文创产品,重"形"也需重"意",更进一步说,要以"意"取胜。文化资源与制造工业的双向赋能,让文创产品的大量涌现成为可能。优秀的文创产品,应是中国故事的生动讲述、文化内涵的艺术呈现与社会价值观的准确传递。

文创之所以广受年轻人欢迎,一方面是由于它千变万化的外在形式与打开方式符合受众多元的审美诉求与消费心理,另一方面是由于它饱含着古史传说、诗词酬唱、艺术珍品等人文元素。优秀的文创产品,不仅能让公众在潜移默化中深入感知历史、品读文化,还能唤起集体记忆,凝聚情感共识。

课前——文创产品的分类

文创产品可以分为以下几类。

(1)工艺品类:具有文化性、纪念性或礼品性的各种创意系列,如具有地方特色的挂件、摆件等。兵马俑金属摆件如图4-25所示。

图4-25 兵马俑金属摆件

(2)生活用品类:具有实用性、新颖性及文化特色的生活类创意系列,如水杯、鼠标垫、帆布包、钥匙扣、台历等。富裕吉祥沙燕风筝钥匙扣如图4-26所示。

图4-26 富裕吉祥沙燕风筝钥匙扣

(3)办公用品类:具有文化性、美观性的各种创意系列,如优盘、笔记本、笔、书签、小书架、小夹子等。

(4)服饰类:具有实用性、新颖性及特色的文化衫、文化帽、纪念章等。三星堆文创鸭舌帽如图4-27所示。

图 4-27　三星堆文创鸭舌帽

课中——实践操作

文物是历史的见证,也是文化的重要载体。精美、灵动的文创产品,能让原本不会说话的文物走进日常生活,传递出古老文明的声音。

1. 元素提炼

元素提炼是对传统图形进行抽象化处理,即先对传统图形元素进行分析,然后进行裁剪,保留其神韵,并进行简化设计。

提取重组:可保留传统图形特征较明显的部分,提炼图形的基本形态、基本结构,也可以对传统图形的一部分进行归纳简化,使其既具有时代美感,又不失古典气质。

元素再造:对提取的元素重新进行组合,演绎出不同的图形形态,使图形间既有不同之处,又有同样的气质,从而形成系列产品设计。

苏州博物馆小夜灯如图 4-28 所示。

图 4-28　苏州博物馆小夜灯

2. 古形新绘

采用时尚现代的表现手法,对传统图形进行描绘,使新图形与原图形"看似不同,实则相似",形成"神似"。

中国的传统图形是经过千百年流传下来的,在设计中需保留图形的基本特征,使其具有传统图形的神韵,也可以在保留传统图形神韵的基础上,采用夸张变形的手法,夸大图形的独特之处,使图形装饰性更强。

千里江山文创产品设计如图 4-29 所示。

图 4-29　千里江山文创产品设计

3. 组合共生

古代与现代同构,通过两者的结合表达更多的含义,同时具备双重风格。

图形的组合共生分为以下几种形式。

(1)"形"与"形"的填充:将两个或两个以上的图形组合成一个崭新的图形,可以是传统图形组合成现代图形,也可以是现代图形相加形成传统图形。年画表情包如图 4-30 所示。

(2)"形"与"形"的局部置换:置换设计是图形间的一种局部填充,即将图形与图形进行局部的置换,最终形成崭新的图形,借以表达主题思想。通常通过形的相似、意的相似进行置换。"学习强国"学习平台文创设计(一)如图 4-31 所示。

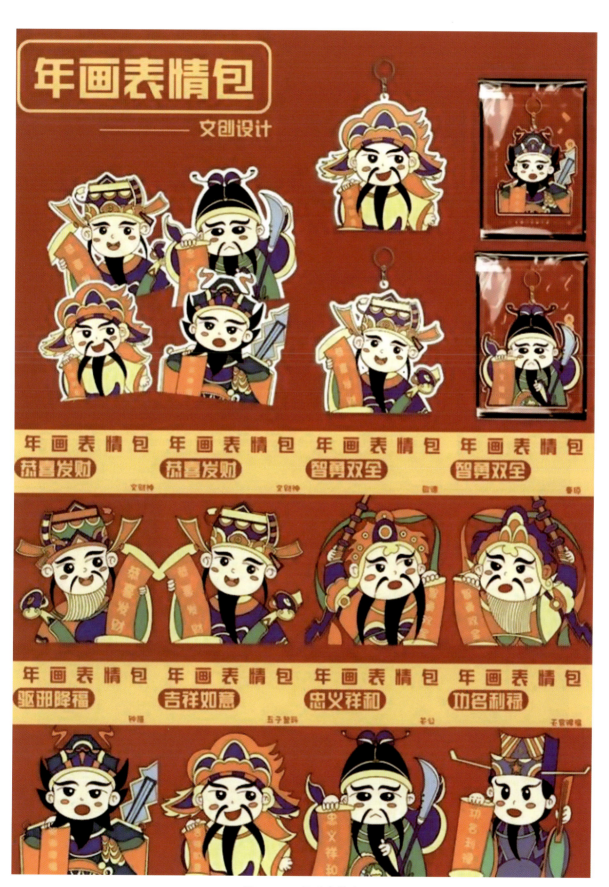

图4-30 年画表情包

图 4-31 "学习强国"学习平台文创设计(一)　作者:陈俊　黄泓源

(3)"形"与"形"的转化:将一个图形演变并转化成另一个图形,这种设计手法需要对原图形的形态结构进行转化,使其在形态上符合另一个图形。可以由传统图形演变成现代图形,也可以由现代图形演变成传统图形,要求两个图形在形或意上具有相通之处,并能同时体现古典与时尚两种风格,给人以新颖奇妙的视觉体验。如意兔爷布艺香包挂件如图 4-32 所示。

图 4-32　如意兔爷布艺香包挂件

(4)"形"与"神"的组合:对于两个图形,取一个图形的神态特征运用在另一个图形上,所形成的图形具有自己独立的形态,同时具有另一个图形的神韵。这种组合共生的表现形式要求两个图形在形态上具有相似之处。摸鱼系列手机支架如图 4-33 所示。

图 4-33　摸鱼系列手机支架

(5)"形"与"意"的传达:这是一种采用创意手法进行意念传达的创新设计方法,强调图形的创意构思,重视图形本身的内涵,通过图形达到心灵的沟通,从而产生心灵上的共鸣。西双版纳特色鼠标垫如图 4-34 所示。

图 4-34　西双版纳特色鼠标垫

4. 打散再构

将传统图形拆分打散,然后运用现代的构成形式任意组合,创造出崭新的图形。新图形同样具备原图形的基本神韵。在对传统图形进行拆分的时候,可按图形元素进行拆分,也可将图形任意分割。"学习强国"学习平台文创设计(二)如图 4-35 所示。

图 4-35 "学习强国"学习平台文创设计(二)　作者:龙旭前

5. 色彩表达

色彩表达是设计创作的第二次生命。图形设计必须有优秀的色彩计划,才能创作出精品。传统风格的图形并不是必须采用原色彩,也可以用鲜明、时尚的色彩进行演绎。对未经过二元设计的传统图形,可以采用时尚的色彩计划对原色彩进行替换,使传统图形转化为新古典风格的图形。"学习强国"学习平台文创设计(三)如图 4-36 所示。

图 4-36 "学习强国"学习平台文创设计(三)　作者:曾鹤英

6. 多重应用

图形经过提炼、共生、打散、再构的设计处理后,仍可以进行多次创作。经过反复创作的传统图形设计,是一种二元或多元的再设计,是一种源于传统、立足于现代的图形设计,是一种穿越时空的图形设计。它是具备传统基因的现代图形设计,是对传统图形的升华。文创产品设计如图4-37所示。

图4-37 文创产品设计

课后——实践体验

邯郸文物创意明信片如图4-38所示。"学习强国"学习平台文创设计(四)如图4-39所示。

图4-38 邯郸文物创意明信片

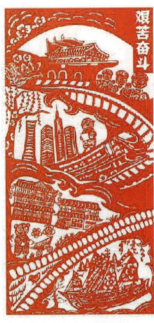

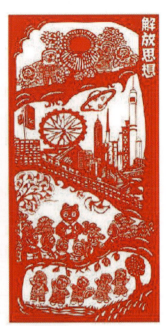

作品尺寸：102 cm×50 cm×0.2 cm　　C：17% M：100% Y：100% K：0%　　材质：厚纸

延安剪纸 设计说明

延安精神·强国篇是从红军长征中的延安故事和新时代中国梦两者相结合提取出的设计灵感。我们选择陕北延安极具代表性的手工艺——延安剪纸作为此次设计作品的视觉表达形式，并根据延安精神的内涵——解放思想、为人民服务、艰苦奋斗，与中国梦——国家富强、民族振兴、人民幸福——对应。

● 设计展示

图4-39　"学习强国"学习平台文创设计（四）　作者：陈雨　袁瑾

任务四　文创的创意制作

名人名言

★志比精金，心如坚石。

——冯梦龙

（冯梦龙，明代文学家、戏曲家，著有《喻世明言》《警世通言》等。此句大意为志向要专一，像没有杂质的金子一样，心意要像坚硬的石头一样难以撼动，指意志十分坚决。）

课前——准备工具及材料

宣纸、卡纸、彩色流苏、毛笔、墨汁等。

课中——实践体验

设计主题：十二生肖书签设计。

设计理念：生肖是历史文化符号，寄托炎黄子孙的精神理想，包含人们对幸福生活的向往，此设计具有象征意义。

含义阐述：让观者随时随地感受生肖文化的魅力，迅速打开阅读记忆，赏心悦目、新颖别致、美观实用、贴近生活。

尺寸：7 cm×21 cm。

材料：宣纸、卡纸、彩色流苏、毛笔、墨汁等。

十二生肖书签设计如图4-40所示。

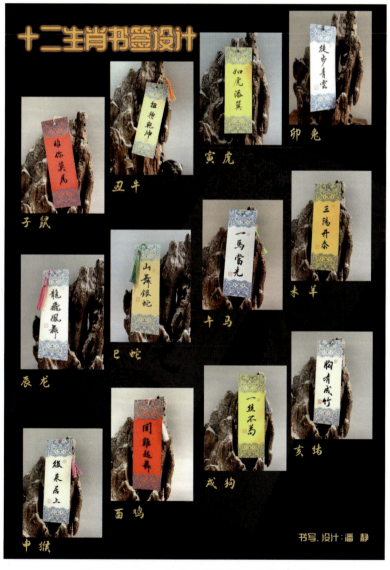

图4-40 十二生肖书签设计 作者：潘静

续图 4-40

十二生肖根雕艺术如图4-41所示。

图4-41　十二生肖根雕艺术　作者：潘友臣　潘静　金建海

课后——拓展实训

设计主题：邯郸成语书签设计。

设计理念：邯郸成语典故极富中华传统文化和邯郸地方文化特色，方便收藏者从成语故事中领悟中华民族五千年来的精神与智慧。

含义阐述：让观者认识邯郸文化的魅力，高端大气，是实用的旅游纪念品。

尺寸：7 cm×21 cm。

材料：宣纸、卡纸、彩色流苏、毛笔、墨汁等。

邯郸成语书签设计如图 4-42 所示。

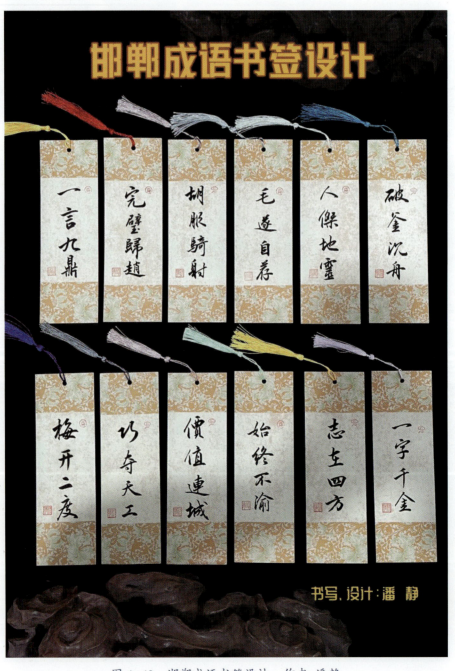

图 4-42　邯郸成语书签设计　作者：潘静

续图 4-42

续图 4-42

设计主题:赵奢战鼓钥匙扣文创设计。

设计理念:赵奢战鼓起源于战国时期的赵国,首创者为赵国名将赵奢。每当赵军出征或者凯旋时,都会敲响战鼓,代表着胜利的赞歌。

含义阐述:让观者认识邯郸文化的魅力,高端大气,寓意百战百胜,是实用的旅游纪念品。

尺寸:2 cm×2 cm×2 cm。

材料:亚克力、金属等。

赵奢战鼓钥匙扣文创设计如图4-43所示。

图4-43　赵奢战鼓钥匙扣文创设计　作者:韩博成　指导教师:潘静　李海红

设计主题:磁州窑小暖壶文创设计。

设计理念:简洁生活,泡一杯清茶拂去疲惫。小暖壶外观采用磁州窑的图案设计,体现温暖、自然、质朴的设计理念,给人一种洒脱、豪迈、奔放的感觉,表现出设计的活力与生机。

含义阐述:让观者认识邯郸文化的魅力,高端大气,寓意幸福美满,是美观又实用的旅游纪念品。

尺寸:11.3 cm×14.3 cm。

材料:陶瓷、软木塞等。

磁州窑小暖壶文创设计如图4-44所示。

产品参数

品名：磁州窑小暖壶
工艺：传统工艺
材质：陶瓷
产地：邯郸
尺寸：整体宽11.3cm/高14.3cm
容量：400mL

**匠心凝练
手工琢美**

主人杯
规格：7.5cm×5cm/115mL

软木塞
规格：4.4cm×3.4cm

壶身
规格：11.3cm×11.5cm/400mL

图4-44　磁州窑小暖壶文创设计　作者：潘静

续图 4-44

设计主题：青池遐想。

设计理念：本设计整体采用中国传统色彩梧枝绿，设计灵感来源于校园青池，搭配水纹元素做成简单大方的手机壳。将中国非物质文化遗产扎染的纹理印在文化衫上，文化衫前面有梧枝绿配色的校徽，背面"燃青春　趁现在"的文字时刻提醒青年学子要珍惜时间，努力提升自己，创造更美好的世界。

含义阐述：文创产品丰富多样，体现和谐、自然的整体效果。

材料：帆布、PVC 等。

青池遐想如图 4-45 所示。

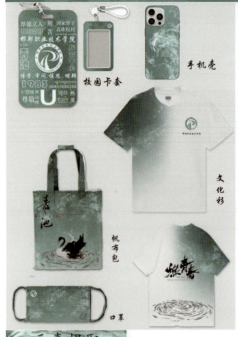

梧枝绿中搭配点点星光

梧枝绿中搭配扎染纹理

梧枝绿中搭配水纹元素

设计说明

采用中国传统色彩梧枝绿，灵感来源于校园青池，搭配水纹元素做成简单大方的手机壳。将中国非物质文化遗产扎染的纹理印在文化衫上，文化衫前面有梧枝绿配色的校徽，背面"燃青春 趁现在"的文字时刻提醒我们珍惜时间，努力提升自己。卡套中提到了邯郸职业技术学院的校训、标志性建筑及创建时间等。

艺术系建筑室内设计专业
2022级4班
白杨

图4-45 青池遐想　作者:白杨　指导教师:潘静

续图 4-45

参考文献 References

[1] 潘静,等. 陶艺设计与制作 [M]. 3版. 武汉:华中科技大学出版社,2019.

[2] 张锦,刘梦梅. 美术鉴赏 [M]. 北京:首都师范大学出版社,2021.

[3] 胡先祥. 美学基础与艺术欣赏 [M]. 武汉:华中科技大学出版社,2009.

[4] 潘静,李欣,黄金发. 谈潘友臣的根雕艺术 [J]. 设计,2012(2):44-45.

[5] 王旭玮,曾沁岚. 传统装饰设计与应用 [M]. 北京:人民邮电出版社,2015.

[6] 仇英义. 汉字之美 [N/OL]. 中国新闻出版广电报,2022-07-29. https://article.xuexi.cn/articles/index.html?art_id=5463959510648233515&t=1661972414401&showmenu=false&study_style_id=feeds_default&source=share&share_to=wx_single&item_id=5463959510648233515&ref_read_id=1464cd75-72bd-449e-b76d-7c145a5ad73c_1713770694677.

[7] 美成. 当代书法演变应守"大美"之道 [N/OL]. 中国艺术报,2019-03-22. https://article.xuexi.cn/articles/index.html?source=share&art_id=8063637721743715762&showmenu=false&study_style_id=feeds_default&t=1553670310693&share_to=wx_single&ref_read_id=d971d56a-6cf4-4aef-a339-6587a99a541a_1713770766929.

[8] 张铜彦. 谈谈书法的正大气象 [N/OL]. 中国艺术报,2023-01-04. https://article.xuexi.cn/articles/index.html?art_id=1235748334449276613&t=1672810038554&showmenu=false&study_style_id=feeds_default&source=share&share_to=wx_single&item_id=1235748334449276613&ref_read_id=d971d56a-6cf4-4aef-a339-6587a99a541a_1713770766929.

[9] 觅知网. https://www.51miz.com//so-ppt/85330.html?utm_term=23219858&utm_source=bing&msclkid=77b531a250d61355fb6957e04b3745ba.

[10] 学习强国官网.